UMA APLICAÇÃO DE

S Hemalatha

UMA APLICAÇÃO DE TECNOLOGIA DE DESEMPENHO HUMANO EM SUPERMERCADOS

ScienciaScripts

Imprint
Any brand names and product names mentioned in this book are subject to trademark, brand or patent protection and are trademarks or registered trademarks of their respective holders. The use of brand names, product names, common names, trade names, product descriptions etc. even without a particular marking in this work is in no way to be construed to mean that such names may be regarded as unrestricted in respect of trademark and brand protection legislation and could thus be used by anyone.

Cover image: www.ingimage.com

This book is a translation from the original published under ISBN 978-620-4-95578-0.

Publisher:
Sciencia Scripts
is a trademark of
Dodo Books Indian Ocean Ltd. and OmniScriptum S.R.L publishing group

120 High Road, East Finchley, London, N2 9ED, United Kingdom
Str. Armeneasca 28/1, office 1, Chisinau MD-2012, Republic of Moldova, Europe

ISBN: 978-620-5-76319-3

Conteúdos

RECONHECIMENTO

Estou profundamente agradecido ao meu presidente Dr.R.Venkatram, Professor, Departamento de Gestão Agrícola e Rural, pela sua orientação, favor incessante, com abutement, demonstrada durante todo o meu período de estudo.

Estou grato ao Dr.S.D.Sivakumar Professor e Chefe do Departamento de Gestão Agrícola e Rural da Universidade Agrícola Tamil Nadu pelo seu encorajamento, gratidão, sugestões valiosas para a conclusão bem sucedida do estudo. Manifesto os meus sinceros agradecimentos a todos os meus membros do comité consultivo, Dr.N.Ajjan Director CARDs, Dr.K.A.Ponnusamy, Professor do Departamento de Sociologia Agrícola e Rural e Thiru.M.Suresh Professor Associado do Departamento de Ciências Físicas da Universidade Agrícola Tamil Nadu, pela sua valiosa assistência e pelo apoio que me deram em todos os relatos do meu período de estudo. Os meus sinceros agradecimentos e gratidão ao meu coordenador Dr.K.Mahendran pela sua impecável orientação, estimulação e empenho demonstrados ao longo de todo o meu estudo de investigação. Estou muito grato à minha mentora, Dra.R.Krishnaveni Professor do Instituto de Gestão PSG pela sua inspiradora, auspiciosa, inestimável, apreciadora, auspiciosa desde a concepção do estudo até à sua conclusão bem sucedida. Os meus sinceros agradecimentos, apreciação à Dra.Deepa Ranganathan, Professora Assistente, Instituto de Gestão PSG por ter fornecido o seu instrumento de investigação, orientação e sugestões valiosas, sem as quais a investigação inteira não teria sido concluída. Estou grato à direcção da Aditya Birla Retail Limited por ter concedido a oportunidade de estudar as suas lojas. Estou também muito grato aos empregados e aos clientes do supermercado "Mais" pela sua concordância na recolha da informação necessária para o estudo. Palavras de agradecimento, de gratidão ao meu marido Murali e à minha filha Sambhavi pela sua solicitude e apoio que me deram pela conclusão bem sucedida do estudo. Falharei no meu dever se faltar expressar o meu apreço, aos meus queridos colegas e amigos Lavanya, Chandru, Divya e Sakthi pelo seu encorajamento e apoio ao meu estudo. Estou muito agradecido a todos os professores do Departamento de Gestão Agrícola e Rural da Universidade Agrícola de Tamil Nadu e a todos os faltosos que me ensinaram e aconselharam durante os três anos do meu curso de doutoramento. Estou muito grato aos meus pais Subbian e Sivasundari, à minha irmã Prema e aos meus colegas de Direito que me deram um apoio moral para terminar o meu trabalho de doutoramento. O amor é eterno. O amor dos meus pais derramado sobre mim é uma dedicação, um símbolo de pureza. Dedico todo o meu estudo aos meus adoráveis, dedicados e calorosos pais adoptivos Chellammal e Ponnusamy Gounder que viveram para mim e me amaram.

(HEMALATHA.S)

CAPÍTULO I

INTRODUÇÃO

A organização é simplesmente uma coligação de pessoas cuja relação é estruturada, definida e ligada entre si por um objectivo comum. São abertas e estão ligadas ao ambiente externo que opera à sua volta. Os membros da organização são recompensados pela sua contribuição para a organização. O objectivo final de qualquer organização é, portanto, cumprir os seus objectivos definidos. O desempenho organizacional mostra o resultado real derivado de uma organização em relação aos objectivos definidos. Recentemente, a proliferação de muitas organizações resultou em competição. Várias medidas estão a ser tomadas pelas organizações para melhorar o seu desempenho de modo a fazer face a estas competições. Daí que o desempenho organizacional seja importante para qualquer organização. Tal avaliação da organização é importante para uma sobrevivência uniforme.

1.1 Desempenho organizacional

O desempenho organizacional é uma componente importante da investigação empírica no campo da política empresarial (Dess e Robinson, 1984). A importante questão considerada no desempenho organizacional é o quadro conceptual para definir o próprio desempenho organizacional. Assim, Ford e Schellenberg (1982) reviram três quadros de desempenho organizacional a saber: abordagem de objectivos, abordagem de sistemas e abordagem de círculos eleitorais. A abordagem de objectivos define o desempenho organizacional com base nos objectivos entendidos a partir do comportamento dos membros da organização (Etzioni 1964). A abordagem de recursos de sistemas avalia o desempenho organizacional com base nos factores externos e internos que actuam na organização (Yuchtman e Seashore 1967). A abordagem dos círculos eleitorais avalia o desempenho organizacional pela sua capacidade de satisfazer as necessidades de todos os círculos eleitorais da organização, pois considera que a organização trabalha para o bem-estar de muitos círculos eleitorais (Thompson 1967).

Normalmente, o desempenho organizacional é medido através de indicadores financeiros como lucros, retorno sobre o património, etc. No entanto, é necessária uma abordagem diferente para além dos indicadores financeiros do desempenho organizacional. Ngah e Ibrahim.(2010) indicaram que a medição do desempenho organizacional envolve a comparação dos resultados esperados com os resultados reais, a investigação de desvios dos planos, a avaliação do desempenho individual e o exame dos progressos efectuados para atingir os objectivos visados. A avaliação do desempenho organizacional também ajuda os gestores a acompanhar o crescimento da organização. A análise do desempenho organizacional é também o método para identificar o crescimento de qualquer organização com as suas metas e objectivos planeados. Também projecta a boa saúde da organização.

Além disso, os gestores ou os decisores têm de identificar os factores que determinam o desempenho da organização.

As organizações empresariais do século 21st têm um ambiente empresarial turbulento que não é constante e está sujeito a mudanças. A tradicional teoria do lucro já não é válida, pois diz respeito principalmente aos detentores de acções da empresa. Mas a actual organização empresarial é altamente influenciada pelos clientes, empregados e pela sociedade como um todo. A teoria do comportamento da empresa (Cyert & March 1963) define a empresa como a coligação de indivíduos ou grupo de indivíduos. Isto confirma que o desempenho organizacional precisa de ser avaliado considerando todas as partes interessadas da empresa. Assim, seguindo as raízes da teoria comportamental da empresa, o desempenho organizacional no presente estudo é visto através do quadro de abordagem comportamental. O estudo lança uma nova direcção de encarar o desempenho organizacional como o resultado do comportamento, que é a consequência da atitude e da capacidade. O comportamento dos empregados de uma empresa altera o desempenho da organização. A atitude de trabalho do empregado e o seu conhecimento emocional é a base para um empregado expressar um comportamento positivo ou negativo numa organização. Alto desempenho, menos atrito, maior rotatividade indica o comportamento positivo do empregado e baixo desempenho, alto atrito retrata o comportamento negativo dos empregados.

O objectivo final de medir o desempenho organizacional é conhecer o nível actual de desempenho e identificar estratégias para o melhorar. O período pós Segunda Guerra Mundial da década de 1950 levou ao desenvolvimento de muitas técnicas de melhoria que ainda hoje são aplicáveis. Exemplos delas são a Gestão da Qualidade Total (TQM) por Deming, conceitos Kaizen, Reengenharia de Processos Empresariais, Melhoria de Processos Empresariais, etc. Todos estes métodos visavam a melhoria do desempenho através de processos operacionais. A TQM e outros métodos de melhoria incluíram o elemento humano como parte da melhoria da qualidade. Assim, é feita uma tentativa de identificar uma tecnologia de desempenho que possa captar o comportamento humano numa organização e estudar os factores ambientais que alimentam o desempenho organizacional. A tecnologia de desempenho humano (HPT) é considerada o processo mais adequado para satisfazer as condições acima mencionadas.

1.2 História do HPT

A origem do HPT pode ser rastreada até à emergência de teorias económicas, teoria de gestão científica, abordagem da relação humana, teorias motivacionais, etc. Teorias económicas como a teoria da subsistência, a teoria do equilíbrio afirmaram que os salários tendem a ser o factor primordial para influenciar o trabalhador a ter um bom desempenho. Taylor (1947), a teoria científica de gestão introduziu princípios científicos na formação do trabalho do trabalhador. Ele concebeu alguns padrões de desempenho para medir o trabalho do trabalhador. Segundo ele, os homens eram semelhantes a máquinas que podem ser exploradas para aumentar a produtividade. O papel dos factores ambientais foi negligenciado. Isto foi criticado e o movimento das relações humanas surgiu após o taylorismo. Os estudos de Mayo Hawthrone (1927- 1932) (Sonnenfeld, 1985) identificaram o papel de factores humanos como o ambiente de trabalho, relações superiores, etc., na melhoria do desempenho do trabalhador. A contribuição dos cientistas comportamentais sob a forma de teorias motivacionais como a teoria da necessidade hierárquica Maslow, a teoria X e Y de Mc Gregor, etc. identificaram os precursores necessários para o desempenho dos trabalhadores. As teorias motivacionais baseadas em abordagens mentalistas tendem a mudar as atitudes e percepção dos trabalhadores, mas não foram o fim do caminho.

A direcção do desenvolvimento passou agora a analisar as contribuições das teorias comportamentais de Ivan Pavlov (1849-1936) e Skinner. O trabalho de Skinner (1938, 1953, e 1957) serviu como matéria-prima para o surgimento da tecnologia do desempenho humano. Tendia a explicar a ocorrência do comportamento e também as condições que mantinham o comportamento. Ele provou que o comportamento pode ser alterado através da alteração das suas contingências. O comportamento operante dado por Skinner levou à mudança voluntária de comportamento através da introdução de reforços. Isto ajudou na observação directa e facilitou as respostas de registo. Criou uma revolução na concepção instrucional. A máquina de ensino uma contribuição de Skinner facilitou o desempenho contínuo do aluno de gravação enquanto este está activamente envolvido na resposta ao material instrucional programado (Day, 1997; Frederiksen, 1982; O'Brien e Dickinson, 1982; Sulzer-Azaroff & Mayer,1991). A análise comportamental foi inicialmente aplicada na educação e saúde mental. Foi depois aplicada nos contextos organizacionais na resolução de problemas organizacionais através da introdução de formação e implementação de mudanças organizacionais. Um grande número de investigadores e profissionais que utilizaram princípios comportamentais para resolver problemas organizacionais através de formação e mudança organizacional foram instrumentais no estabelecimento de um historial para o HPT.

As intervenções desempenharam um papel importante nos modelos de HPT. A análise comportamental ajudou a identificar a melhor intervenção e metodologia para a sua implementação. As intervenções utilizadas na fase inicial do HPT durante os anos 70 foram aplicáveis em pequena escala e mais tarde foram desenvolvidas para se adequarem às questões organizacionais de grande escala de forma sistémica (Brethower 1982). Brethower deu cinco princípios de desempenho que ajudaram na implementação da intervenção a nível individual e de grupo. Assim, "O desempenho individual e o desempenho organizacional, incluindo o desempenho do grupo de trabalho, estavam inextricavelmente interligados de modo a que a atenção construtiva a um exigisse atenção a ambos" (Brethower, 1997).

A análise comportamental foi incorporada na teoria de sistemas que ajudou a analisar o desempenho de uma organização que compreende um grande número de partes interessadas. Carleton (2005) declarou que um sistema foi caracterizado como um conjunto de dois ou três elementos que satisfaziam as seguintes condições

1. O comportamento de cada elemento tem um efeito sobre o comportamento do todo
2. O comportamento dos elementos e os seus efeitos sobre o conjunto são interdependentes
3. No entanto, formam-se subgrupos dos elementos, cada um tem um efeito sobre o comportamento do todo e nenhum tem um efeito independente sobre ele.

Uma abordagem sistémica é essencial para criar um impacto correcto sobre as partes do sistema. Uma solução deve ser aquela que está alinhada com o sistema em vez de injectar no sistema. Uma organização é um sistema complexo que tem subconjuntos que englobam um grande grupo de pessoal. Assim, a análise comportamental que tende a avaliar o comportamento individual é colaborada com a teoria do sistema. A integração da análise comportamental e da teoria do sistema levou à formação da análise comportamental do sistema. HPT é uma colecção de princípios de diferentes disciplinas como teoria comportamental, análise de sistemas, comunicação, psicologia educacional, psicologia, ciências de gestão, desenvolvimento organizacional, concepção e tecnologia de sistemas instrucionais, etc. O campo dos HPT desenvolveu-se ainda mais com um grande número de modelos de HPT. Uma associação chamada National Society for Programmed Instruction (NSPI) foi formada em 1962 pelos cientistas comportamentais para testar as descobertas laboratoriais para o campo. Isto serviu de fórum para discutir e promover a evolução dos tecnologistas de desempenho humano. Mais tarde foi renomeada como Sociedade Internacional para a Melhoria do Desempenho (ISPI) no ano de 1995.

1.3 Sociedade Internacional para a Melhoria do Desempenho (ISPI)

A sociedade foi formada no ano de 1962 em nome da National Society for Programmed Instruction (NSPI) com o objectivo de investigação de desempenho e desenho instrucional. Mais tarde, foi alterada para Sociedade Nacional para o Desempenho e Instrução. À medida que a missão da sociedade se desenvolvia mais globalmente e a tecnologia do desempenho humano se tornava mais amplamente considerada. É considerada como um processo de selecção, análise, concepção, desenvolvimento, implementação e avaliação de programas para influenciar de forma mais rentável o comportamento humano e a realização. Mais tarde, a sociedade foi renomeada como Sociedade Internacional para a Melhoria do Desempenho

(ISPI). A sociedade foi apoiada por várias outras organizações profissionais tais como a Sociedade Americana para Formação e Desenvolvimento, a Federação Internacional de Formação e Desenvolvimento Organizacional (Rosenberg *et.al*,1992), e a Rede de Gestão do Comportamento Organizacional, um grupo de interesse especial da Associação para Análise do Comportamento Aplicado.

A ISPI também representou profissionais de melhoria de desempenho em todos os Estados Unidos, Canadá, e 40 outros países. A missão do ISPI é desenvolver e reconhecer a proficiência dos membros do ISPI e defender a utilização da Tecnologia do Desempenho Humano. Tecnólogos de desempenho, directores de formação, gestores de recursos humanos, tecnólogos instrutores, profissionais de factores humanos, gestores de projectos, e consultores organizacionais são membros do ISPI. Trabalham em diversos contextos, incluindo empresas, universidades, governo, serviços de saúde, bancos e forças armadas. A instituição ISPI serviu de meio viável enriquecendo o crescimento do HPT através do desenvolvimento de Técnicos de Desempenho Certificado (CPTS). A instituição também desenvolveu o famoso modelo de HPT ISPI HPT modelo HPT para uma ampla utilização pelos CPTs.

1.4 Princípios da Tecnologia de Performance Humana

Os quatro princípios principais do HPT estão centrados nos resultados, tendo uma visão sistémica, acrescentando valor e estabelecendo parcerias.

O HPT concentra-se nos resultados: O HPT concentra-se principalmente nos resultados ou nos resultados. Isto confirma e reconfirma que os procedimentos do trabalho facilitam a produtividade, eficiência, qualidade e que os empregados possuem os conhecimentos e as competências de que necessitam para desempenhar na organização.

O HPT tem uma visão sistémica: A visão sistémica da organização proporciona a interconectividade dos componentes da organização. A eficácia dos componentes individuais depende da sua relação com todo o sistema e a eficácia do sistema depende do desempenho das unidades individuais.

O HPT acrescenta valor: A tecnologia de desempenho humano visa objectivos intermédios como a melhoria da qualidade, redução do preço, etc. e o seu sucesso é medido sob a forma dos resultados desejados como o aumento das vendas. O desempenho individual está alinhado com os resultados intermédios e comerciais da tecnologia de Desempenho Humano.

A HPT estabelece parcerias: Os profissionais de HPT trabalham em coordenação com especialistas e todos os stake holders envolvidos na organização. Isto facilita a análise de qualquer problema de desempenho em todas as direcções.

1.5 Importância do HPT

O complexo ambiente empresarial devido a fusões e aquisições desenvolveu problemas como questões culturais, diversidade, etc., que estão relacionados com a pessoa e, por conseguinte, impedem a melhoria do desempenho da nova organização. A complexidade tem despertado mesmo na gestão de organizações e pessoas. Tradicionalmente, os gestores aprendem que a forma 'correcta' de supervisionar os empregados envolve planeamento, coordenação e controlo cuidadosos. Na realidade, contudo, o comportamento de gestão é imprevisto, aleatório e contingente. No actual ambiente de trabalho em rápida mudança e competitivo, os planos muitas vezes descarrilam e os gestores têm menos tempo para coordenar e controlar as acções dos seus empregados" (Titcomb, 1998).

O papel do HPT é, portanto, criar ordem a partir das situações complexas. Os HPT têm grande potencial porque são inclusivos, sistemáticos, sistémicos, e orientados para o modelo. Os modelos de HPT desenvolvem intervenções para a melhoria do desempenho. Os profissionais de HPT podem ser alinhados com as organizações, pois são pioneiros no desenvolvimento de intervenções altamente localizadas e focalizadas em organizações específicas. O conceito tem sido testado em diferentes campos como marketing, militar, serviço policial, empresa de serviços, empresa de computadores, etc. e são obtidos resultados frutuosos.

O presente estudo tenta analisar o desempenho organizacional da empresa retalhista utilizando os princípios e aplicação do HPT.

1.6 Indústria Indiana de Retalho

A indústria retalhista indiana tem mostrado um aumento notável nos últimos anos. Tem crescido como a quinta maior do mundo. O sector retalhista indiano está dividido em comércio a retalho organizado e não organizado. O comércio retalhista não organizado é qualquer ponto de venda a retalho que seja gerido localmente pelo proprietário ou pelo zelador da loja. Qualquer cadeia de pontos de venda a retalho (e não um ponto de venda único) que seja gerida profissionalmente (mesmo que seja gerida por uma família) pode ser denominada de retalho organizado na Índia se tiver as características de transparência organizada (com utilização adequada de MIS e normas contabilísticas), gestão organizada da cadeia de fornecimento com controlo de qualidade e aprovisionamento centralizados (Zameer & Mukherjee., 2011).

Na fase preliminar, o sector retalhista indiano foi totalmente ocupado pelo sector não organizado. A mudança de estatuto dos consumidores indianos levou a uma mudança nos seus gostos e preferências. A globalização abriu a fronteira indiana aos investimentos estrangeiros. Isto resultou no comércio retalhista organizado na Índia. O sector organizado ocupava apenas 7% da indústria retalhista e o restante era partilhado pelo sector não organizado. O sector organizado era composto pelos retalhistas licenciados que eram retalhistas empresariais de hiper-mercados e supermercados. O retalho organizado indiano pode assim ser dividido em quatro fases de mudanças: iniciação ao retalho, conceptualização, expansão e consolidação do retalho e crescimento.

A fase de iniciação ao retalho (antes dos anos 90) viu os fabricantes estabelecerem os seus formatos de retalho. Os fabricantes começaram a abrir os seus próprios pontos de venda para vender os seus produtos directamente aos consumidores. A fase de conceptualização (1990-2005) viu muitos novos intervenientes, que queriam provar o negócio de retalho e começaram a entrar no negócio. Pantallons, Shoppers Stop, International players, McDonalds, Adidas entraram no cenário da venda a retalho nesta fase. A fase de expansão do retalho (2005-2010) é considerada como a fase mais activa da indústria retalhista indiana em termos de crescimento, entrada de novos intervenientes e desenvolvimento de novos formatos. O potencial ilimitado no negócio levou a Reliance, Tata, Aditya Birla e Mahindras a entrarem no comboio da banda. O seu sucesso trouxe retalhistas globais como a Metro AG, Max Retail, Shoprite, Hypercity, etc. Além de Carrefour, Tesco e Zara anunciaram a sua entrada na Índia e estão optimistas quanto ao seu crescimento neste mercado. Bharti- Walmart é uma joint-venture notável que entrou nesta fase. Durante esta fase, surgiu um novo conceito em Imobiliário de Retalho viz; modelos de garantia mínima e de partilha de rendimentos. O rápido crescimento rapidamente atraiu o segmento de produtos de luxo com a política de IDE 2005-2006, permitindo aos retalhistas estrangeiros de marca única adquirir até 51 por cento de participação numa joint-venture com uma empresa local, nos anos intercalares assistiu-se à entrada de várias marcas premium (Giorgio Armani, Versace, Gucci, etc.) na sua maioria através de joint ventures.

A indústria retalhista encontra-se actualmente na fase de consolidação e de crescimento (a partir de 2010). A entrada de muitos intervenientes trouxe a concorrência. Considerando os desafios que o sector enfrenta actualmente, é provável que as cadeias retalhistas se concentrem em consolidações para reduzir custos e sobreviver no mercado.

Assim, em termos económicos, o mercado retalhista indiano está actualmente avaliado em 396 mil milhões de dólares, e espera-se que cresça a 12 por cento, atingindo 574 mil milhões de dólares até 2015. A indústria tem vindo a crescer a uma taxa anual composta de 6,4 por cento desde 1998. A dimensão total do mercado retalhista aumentou de 244 mil milhões de dólares em 2005 para 271 mil milhões de dólares em 2011 e prevê-se que atinja 599 mil milhões de dólares em 2013, segundo o grupo de consultoria de Boston. O retalho organizado desempenha um papel importante em tais desenvolvimentos.

Quadro 1.1 Retalho organizado na Índia

Retalho organizado na Índia	**2007**	**2015**

Tamanho do retalho organizado na Índia (milhares de milhões de dólares)	7	60-80
Percentagem de retalho organizado na Índia (%)	4-5	14-18

Fonte: O telégrafo

Espera-se também que a quota do comércio a retalho organizado (Quadro 1.1) aumente de apenas 4 para 5% em 2005 para 14-18% em 2015. A dimensão do comércio a retalho organizado na Índia, que era de 7 mil milhões de dólares, foi projectada para 60 mil milhões de dólares em 2015.

O relatório Mckinsey "The rise of Indian Consumer Market", estima que o mercado de consumo indiano deverá crescer quatro vezes até 2025 (Nair 2011). Um novo relatório de pesquisa de mercado da RNCOS, intitulado "Booming Retail Sector in India", especificou que o número de centros comerciais deverá aumentar num CAGR de mais de 18,9 por cento até ao ano 2015. Especificou ainda que o mercado rural deverá dominar o panorama do sector retalhista na Índia até 2012, com uma quota de mercado total superior a 50 por cento. Assim, de acordo com especialistas da indústria, a próxima fase de crescimento deverá vir dos mercados rurais, com a Índia rural a representar quase metade do mercado retalhista nacional, avaliado em mais de 300 mil milhões de dólares. (Nair 2011). Um novo estudo da McKinsey revelou que a Índia se tornaria um mercado de 450 mil milhões de dólares até 2015. Actualmente, 13 milhões de 204 milhões de famílias preferem o comércio a retalho organizado e este poderá aumentar para 65 milhões de famílias até 2015.

O segmento do retalho organizado indiano pode ser classificado com base nos produtos. Vestuário, têxteis e acessórios de moda, joalharia, relógios, calçado, produtos de saúde e beleza, produtos farmacêuticos, bens de consumo duradouros, electrodomésticos/equipamentos, acessórios e serviços para aparelhos móveis, mobiliário, utensílios, mobiliário para casa e escritório, alimentação e mercearia, serviços alimentares fora de casa, livros, música e presentes e entretenimento.

O tremendo crescimento do sector retalhista foi um resultado devido à mudança do consumidor, globalização, aumento do nível de vida, disponibilidade de marcas internacionais. Isto forçou os grandes actores como Ambanis Birla's, Big Bazaars, etc. a entrar neste sector. Jogadores internacionais como o Wal-Mart tentaram entrar na Índia através da Bharti Airtel. A autorização governamental para o comércio retalhista de marca única abriu o caminho para os jogadores internacionais. Entre os diferentes segmentos da indústria retalhista, o retalho alimentar e de mercearia ocupava cerca de 59 por cento (Fig. 1.1) do retalho organizado na Índia. Tinha ocupado o segundo contribuinte de cerca de Rs.24,273 crore durante o ano financeiro de 2010 (Indian Retail Industry, 2011).

1.7 Sector alimentar e de mercearia

A mercearia tem três componentes nomeadamente produtos de mercearia de marca (incluindo alimentos embalados, sabões e detergentes, artigos de higiene pessoal e artigos domésticos), mercearia seca sem marca (incluindo cereais e grãos) e mercearia fresca (incluindo frutas e vegetais, carne e produtos lácteos) (CII MC Kinsey & Company, 2005).

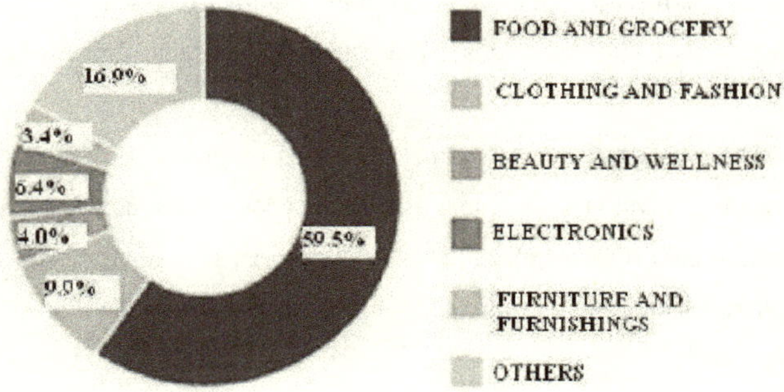

Fig 1.1 Principais segmentos de mercado da indústria de retalho indiana

Fonte: Relatório Deloitte 2011

As lojas *kirana* locais tinham mantido uma forte base no sector alimentar e de mercearia na Índia. Foram capazes de satisfazer todas as necessidades da família da família indiana. Mas a mudança no estatuto sócio-económico dos consumidores, mudança nos gostos, aumento do número de casais com dupla carreira, aumento do rendimento disponível, mudança nos padrões de consumo, jovens com conhecimentos líquidos que preferem coisas novas, aumento da utilização de cartões de crédito, etc., levaram à entrada de retalhistas organizados na Índia. Daí que o sector alimentar e de mercearia tenha levado uma mudança dramática de uma loja de kirana local, *mandis* para supermercados e hipermercados. O estudo de tendência dos compradores Nielson revelou que os compradores fazem compras em super mercados com maior frequência e o tamanho médio do cesto por viagem estava a aumentar, os compradores de supermercados fazem compras de frutas e vegetais frescos nos supermercados, os atributos que um cliente procura permanecem inalterados com comodidade de localização seguida pela percepção do valor do dinheiro, variedade e qualidade de stock. Gupta *et al.* (2002) descobriram que retalhistas com um forte toque local podem estimar melhor a procura de produtos e avaliar perfis dos produtos que podem vender com base na sua familiaridade com os gostos locais, preferências dos consumidores e padrão de consumo.

Diferentes formatos de retalho como lojas de conveniência, lojas de desconto, super-mercados, hiper-mercados, cash and carry stores começaram a surgir. Um relatório de análise sectorial (2011) da Delloitte apresentou as seguintes conclusões

> a falta de infra-estruturas da cadeia de abastecimento resultou em 40% de perda de

produtos agrícolas; o investimento em infra-estruturas de retaguarda deverá ajudar a reduzir esta

> O abastecimento de alimentos processados a PMEs poderia resultar em margens mais elevadas

> O apoio político ao IDE em alimentos e mercearia pode enfrentar desafios e muitos Estados podem não permitir o IDE ou então permitir com mais restrições

> Os hipermercados e supermercados são a estrutura de retalho mais adequada para este segmento

O relatório da Delloitte confirmou que existem alguns problemas no sector alimentar e de mercearia. O relatório revelou ainda que os supermercados e hipermercados são os melhores formatos de retalho para o sector alimentar e de mercearia. Para além das questões comuns, podem existir algumas questões específicas relacionadas com lojas individuais, região, etc.

1.8 Foco deste estudo

O importante papel desempenhado pelo sector alimentar e de mercearia da discussão anterior indica que a entrada de novos intervenientes no segmento também resultaria numa dura concorrência. Este sector enfrenta muitos desafios como questões de cadeia de abastecimento, regulamentos governamentais, atrito, etc. Assim, a melhoria do desempenho organizacional tornou-se o principal motivo na competição do sector alimentar e de mercearia. Todas e cada uma das empresas tenta maximizar as suas vendas para ganhar a corrida de retalho. De acordo com este cenário, muitos estudos de desempenho no sector retalhista acrescentariam mais valor para compreender as questões básicas e possíveis intervenções específicas a cada entidade empresarial. Além disso, a visão tradicional avalia o desempenho organizacional de uma empresa através do seu sucesso financeiro.

Este estudo tentou diagnosticar o desempenho organizacional de um super mercado que vende alimentos e mercearia, utilizando tecnologia de desempenho humano. A análise do trabalho no domínio da tecnologia de desempenho humano revelou que esta tinha amplas aplicações em todos os sectores. Mais particularmente as Universidades nos EUA, o local de nascimento da tecnologia de desempenho humano tinha desenvolvido programas de graduação em tecnologia de desempenho humano, nomeadamente M.Ed. em Liderança Educacional, Educação e Gestão de Formação Subespecialidade ETMS-HPT, M.S. em Administração MSA-HPT na Universidade do Oeste da Florida. Mas a análise concluiu que a área da tecnologia de desempenho humano era rudimentar na Índia. Assim, verificou-se que um conceito que tem sido amplamente aplicado e reconhecido não tem sido utilizado no contexto indiano. Além disso, os conceitos desenvolvidos nos países ocidentais não precisam de ser seguidos cegamente. Daí que o presente estudo tenha sido uma primeira tentativa no campo da tecnologia de desempenho humano na Índia. Tentou replicar e modificar o modelo HPT adaptado às empresas retalhistas indianas.

O presente estudo seleccionou uma empresa retalhista que é promovida por uma organização empresarial famosa na Índia. O período da sua entrada no sector retalhista foi mais crucial, uma vez que teve de vencer uma forte concorrência no sector retalhista. O volume de vendas (dados não fornecidos para manter a confidencialidade) da empresa no local do estudo mostrou um declínio. Assim, o presente estudo foi realizado para diagnosticar as suas causas e encontrar intervenções adequadas para promover as vendas com os seguintes objectivos.

1.9 Objectivos do estudo

O objectivo geral do estudo era diagnosticar o desempenho de uma empresa retalhista e melhorar o seu desempenho através da aplicação do conceito de tecnologia de desempenho humano. Os objectivos específicos do estudo eram os seguintes

> para conduzir a análise organizacional dos pontos de venda a retalho seleccionados,

> realizar a análise ambiental composta por empregados e clientes através da inteligência emocional, satisfação profissional e qualidade do serviço de retalho,

> para realizar a análise das causas e sugerir intervenções adequadas para melhorar o desempenho organizacional.

1.10Hipótese

A hipótese geral seria a satisfação no trabalho e a qualidade do serviço de retalho influencia o desempenho organizacional da empresa.

Seguem-se as hipóteses emolduradas para analisar o impacto dos elementos ambientais no desempenho organizacional.

H1: A inteligência emocional influencia a qualidade do serviço de retalho da empresa

H2: A inteligência emocional influencia a satisfação profissional dos empregados

H3: A satisfação profissional influencia a igualdade dos serviços de retalho da empresa

H4: A satisfação no trabalho influencia o desempenho organizacional da empresa

H5: A qualidade do serviço de retalho da empresa influencia o desempenho organizacional da empresa

1.11Resultado do estudo

As intervenções concebidas através da investigação aumentariam as vendas do supermercado. Foi estudada a influência da satisfação profissional e da qualidade do serviço de retalho no desempenho organizacional do supermercado. Isto poderia dar uma nova direcção à gestão da empresa, de tal forma que o reforço da atitude de trabalho faria com que a empresa atingisse os seus objectivos especificados. O modelo de HPT utilizado no estudo foi especialmente concebido para uma empresa retalhista. Foi desenvolvido um novo modelo para identificar as causas dos problemas de desempenho existentes. Estes modelos podem ser adequados para aplicação em qualquer empresa retalhista, para além do sector alimentar e de mercearia onde o estudo foi realizado.

1.12Limitações do estudo

O âmbito do presente estudo está, no entanto, limitado às empresas do sector retalhista. Os pormenores das vendas das Lojas estudadas eram confidenciais e não foram obtidos. A generalização ou aplicação a outros sectores requer, no entanto, modificações adequadas nos elementos considerados. Os elementos incluídos para a construção da escala de qualidade dos serviços de retalho sob serviços relacionados com produtos podem ser alterados e a sua aplicação também pode ser modificada dependendo dos sectores a serem examinados.

1.13Organização da tese

Capítulo I - Introdução: São apresentados os antecedentes do tema, foco do problema, âmbito do estudo, objectivos e limitações do estudo

Capítulo II - Conceitos e revisão: Os conceitos utilizados no estudo e na revisão do trabalho anterior, incluindo a aplicação do modelo tecnológico do Desempenho Humano em diferentes sectores, são discutidos

Capítulo III - Concepção do estudo: São discutidos métodos de amostragem, instrumentos de medição e instrumentos estatísticos utilizados

Capítulo IV - Descrição da área de estudo: Os detalhes sobre o local de estudo e a empresa em que o estudo é realizado são elaborados.

Capítulo V - Resultados e Discussão: Os resultados obtidos do estudo e a sua interpretação são apresentados

Capítulo VI - Resumo e Conclusão: Um breve resumo do trabalho realizado e as conclusões mais importantes são apresentadas com comentários finais

CAPÍTULO II

CONCEITOS E REVISÃO

A base para qualquer investigação reside no trabalho anterior realizado nessa área temática. Uma revisão perfeita ajudaria a conceptualizar várias questões de investigação e a sua aplicação. Um conhecimento profundo sobre os conceitos também orientaria a prossecução bem sucedida do presente trabalho. Este capítulo traz alguns conceitos e trabalhos anteriores realizados nas áreas de desempenho organizacional, Tecnologia de Desempenho Humano, Qualidade do Serviço de Retalho, inteligência emocional, satisfação no trabalho e Modelação de Equações Estruturais. O capítulo também discute como estes conceitos estão a ser aplicados para o presente estudo.

2.1 Desempenho organizacional

O objectivo final de qualquer organização empresarial é obter lucros e fornecer o máximo valor a todos os detentores de acções. Isto é denominado como desempenho organizacional em estudos organizacionais.

O desempenho organizacional é o desempenho financeiro onde considerações sobre orçamentos, activos, operações, produtos, serviços, mercados e recursos humanos são cruciais para determinar os resultados globais de uma organização (Dixon, 1999; Thurbin, 1994 e Smith, 1999)

Pit e Tucker (2008) definiram o desempenho organizacional como "um sinal vital da organização, mostrando como as actividades dentro de um processo ou os resultados de um processo atingem um objectivo específico".

Richard *et al.* (2009) disseram que o desempenho organizacional abrangia três áreas específicas de resultados firmes: (a) desempenho financeiro (lucros, retorno dos activos, retorno do investimento, etc.); (b) desempenho do mercado de produtos (vendas, quota de mercado, etc.); e (c) retorno do accionista (retorno total do accionista, valor acrescentado económico, etc.).

O desempenho organizacional é conceptualizado neste estudo como o resultado do comportamento das partes interessadas, incluindo empregados, clientes, etc., com base na sua atitude em relação ao trabalho (satisfação no trabalho), capacidade de compreender as emoções (inteligência emocional) e a atitude do cliente em relação à empresa (qualidade do serviço de retalho). O comportamento individual numa organização é a consequência da atitude em relação ao trabalho e da inteligência emocional desse indivíduo. Assim, a natureza do desempenho organizacional da empresa é estudada através dos elementos de satisfação profissional e inteligência emocional dos empregados e da qualidade do serviço de retalho da empresa.

Bartell (2004) estudou o impacto da gestão de recursos humanos no desempenho de uma empresa num sector bancário (de serviços). Os estudos anteriores no sector da manufactura ligando as práticas de gestão de recursos humanos e o desempenho organizacional foram elaborados no estudo. A ligação directa entre o cliente e o empregado no sector dos serviços garantiu a importância da gestão de recursos humanos no sector dos serviços do que no sector da manufactura. A influência do sistema de trabalho de alto desempenho influenciou o desempenho dos bancos. Sistemas de trabalho de alto desempenho que caracterizaram o sistema de gestão de recursos humanos composto de competências, oportunidade de participação e incentivos. Os incentivos e as dimensões de oportunidade parecem reagir positivamente sobre o desempenho organizacional.

Yeo (2003) explorou a ligação entre o desempenho organizacional e a aprendizagem organizacional através da análise dos diferentes sistemas de gestão do desempenho. Os resultados tangíveis e intangíveis da aprendizagem organizacional estavam ligados ao desempenho organizacional Existiam resultados intangíveis como a competência dos funcionários, que eram as componentes cognitivas e comportamentais dos indivíduos numa organização, para além da visão tradicional dos indicadores de resultados como o desempenho financeiro. Foram encontradas algumas lacunas nas ligações entre a aprendizagem organizacional e o desempenho organizacional. O estudo sugeriu que as organizações precisam de explorar os meios não tradicionais de medição do desempenho, como intervenções que mudariam muitos aspectos da organização.

O presente estudo diagnosticou o desempenho da empresa de retalho (serviço) através da análise dos empregados da empresa. Além disso, as intervenções relacionadas com a gestão de recursos humanos são concebidas para melhorar o desempenho organizacional. O estudo também tentou captar o desempenho organizacional através de factores cognitivos e comportamentais como a inteligência emocional e a satisfação profissional dos empregados da empresa.

2.2 Tecnologia de desempenho humano (HPT)

Gilbert (1978) conceptualizou o HPT como competência humana em função de um desempenho digno (W). O desempenho digno, por sua vez, é uma função da relação entre as realizações valiosas (A) e o comportamento dispendioso (B).

Ainsworth (1979) descreveu que a pedra angular da Tecnologia de Desempenho Humano era a significação do resultado, descobrindo objectivos de desempenho válidos e úteis e declarando-os em termos facilmente compreensíveis.

Stolovitch (1982) mencionou o HPT como um campo de esforços que procura trazer mudanças a um sistema de tal forma que o sistema seja melhorado em termos das realizações que ele valoriza.

Harless in Geis (1986) considerou a Tecnologia de Performance Humana como o processo de selecção, concepção de análises, desenvolvimento, implementação e avaliação de programas para influenciar de forma mais rentável o comportamento humano e a realização

A National Society Performance Improvement via Coscarelli (1988) enquadrou o HPT como um conjunto de métodos e processos para a resolução de problemas ou a realização de oportunidades relacionadas com o desempenho das pessoas. Pode ser aplicado a indivíduos, pequenos grupos ou grandes organizações.

Langdon (1991) considerou o HPT como uma aplicação sistemática de identificar que existe uma necessidade de estabelecer, manter, extinguir, ou melhorar o desempenho de um indivíduo ou organização; definir a necessidade; identificar, implementar, e colocar em rede intervenções apropriadas; e validar que os resultados são verdadeiras melhorias.

Rothwell (1996) considerou o HPT como Human Performance Enhancement (HPE) e foi o campo centrado na melhoria sistemática e holística dos resultados de trabalho presentes e futuros alcançados pelas pessoas em ambientes organizacionais.

Stolovitch e Keeps (1999) mencionou o HPT como a aplicação do que é conhecido sobre o comportamento humano e organizacional para melhorar as realizações, económica e eficazmente, de formas que são valorizadas dentro do ambiente de trabalho. Assim, o HPT é um campo de esforços que procura trazer mudanças a um sistema, de tal forma que o sistema é melhorado em termos da realização que ele valoriza.

O'Driscoll (1999) considerou os HPT como sistemas de pensamento aplicados a actividades de recursos humanos. (1) sistémico, (2) sistemático, (3) baseado em teorias cientificamente derivadas e nas melhores evidências empíricas disponíveis, (4) aberto a todos os meios, métodos e meios, e (5) centrado na realização que os artistas humanos e o sistema valorizam.

Van Tiem, *et al.* (2004), pensavam que o HPT era o processo sistemático de ligar os objectivos e estratégias empresariais à força de trabalho responsável pela realização dos objectivos. Além disso, os profissionais da tecnologia de desempenho estudam e concebem processos que permitem aumentar o desempenho no local de trabalho, utilizando uma metodologia comum para compreender, inspirar, e melhorar. Finalmente, a tecnologia de desempenho analisa sistematicamente os problemas de desempenho e as suas causas subjacentes e descreve o desempenho exemplar.

A Sociedade Internacional para a Melhoria do Desempenho ISPI (2005) definiu o HPT como uma abordagem sistemática para melhorar a produtividade e competência, utiliza um conjunto de métodos e procedimentos e uma estratégia para a resolução de problemas para a realização de oportunidades relacionadas com o desempenho das pessoas. É também um processo de selecção, análise, concepção; desenvolvimento, implementação e avaliação de programas para influenciar de forma mais rentável o comportamento humano e a realização. É uma combinação sistemática de três processos fundamentais: análise de desempenho, análise de causas e selecção de intervenções, e pode ser aplicada a indivíduos, pequenos grupos, e grandes organizações.

Pershing (2006) definiu a Tecnologia de Desempenho Humano como o estudo e a prática ética de melhorar a produtividade nas organizações através da concepção e desenvolvimento de intervenções eficazes, orientadas para resultados, abrangentes e sistémicas.

As definições acima confirmaram que a Tecnologia de Desempenho Humano é um processo sequencial de melhoria de desempenho que analisa todos os domínios das organizações e identifica os problemas de desempenho que impedem o desempenho da organização e concebe intervenções para rectificar os problemas identificados.

O conceito de HPT é aplicado sob a forma de modelos, os processos pelos quais o HPT é aplicado nas organizações. Assim, surgiram diferentes modelos no campo da Tecnologia de Performance Humana.

2.2.1 Modelos de HPT

Os modelos HPT tinham sido inicialmente desenvolvidos a partir do processo de desenho instrucional, uma vez que os primeiros profissionais eram desse campo. Mais tarde, os praticantes começaram a desenvolver os seus próprios modelos. A diversidade nos ambientes empresariais, a mudança de perspectivas de acordo com a experiência individual do praticante levou ao surgimento de muitos modelos de HPT ou dos processos pelos quais os HPT eram aplicados.

Wilmoth *et al.* (2002) discutiram em pormenor sobre a origem dos modelos de HPT e classificaram-nos nas seguintes categorias, que foram

> Pioneiros do HPT,

> Modelos de diagnóstico,

> Modelos de processo

> Modelos holísticos.

Pioneiros do HPT

O trabalho de base para o desenvolvimento dos modelos HPT foi feito pelos pioneiros Harless, Gilbert, Mager e Rummler.

Harless (1973) pensava que a identificação e o conhecimento da razão de um problema resultaria na solução necessária. Por isso, emoldurou a análise frontal. Disse que a identificação dos objectivos e do desempenho é importante durante a fase preliminar de análise. Mais tarde, reviu o modelo e chamou a este modelo revisto Análise, Concepção,

Desenvolvimento, Implementação e Avaliação, i.e. Modelo ADDIE (Fig. 2.1).

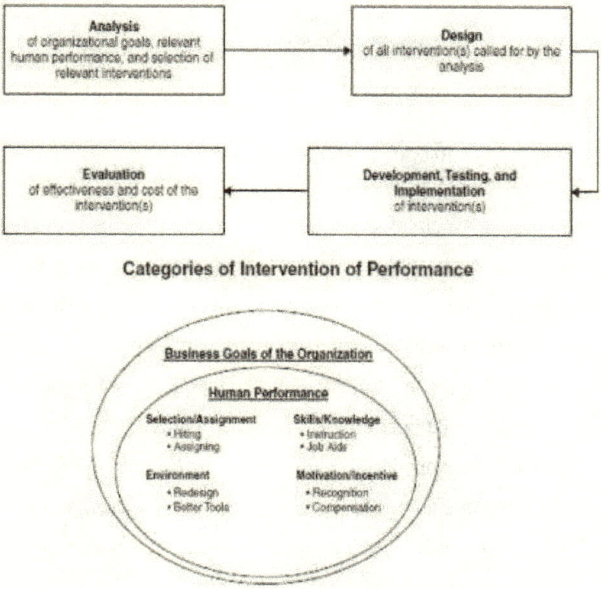

Fig 2.1 Modelo ADDIE

Fonte: Watkins and Dough leigh (2010)

Gilbert, (1978) desenvolveu o Modelo de Engenharia do Comportamento (Fig. 2.2) no ano de 1978. Ele tentou identificar os factores estimulantes no ambiente que são responsáveis pelo desempenho existente. A análise começou inicialmente ao nível organizacional e depois atingiu o nível individual. Seguiu o caminho da análise comportamental de Skinner onde as contingências, respostas sob a forma de ferramentas e recursos disponíveis e as consequências sob a forma de incentivos, recompensas são avaliadas.

Este modelo ajudou a identificar os blocos no desempenho individual e organizacional. Tentou diferenciar o repertório individual de comportamento e os apoios ambientais que facilitam o desempenho individual. Este modelo identificou a lacuna entre o desempenho actual e o desejado e tornou o ambiente de trabalho como a matéria-prima necessária para melhorar o desempenho. Isto foi explicado em pormenor no seu livro intitulado Competência humana: Engenharia digna de desempenho. Foi considerado como o Pai da Tecnologia de Desempenho (Dean 1998).

	Informação	**Instrumentação**	**Motivação**
Apoios Ambientais	*Dados* • Feedback relevante e frequente sobre a adequação do desempenho • Descrições do que se espera do desempenho • Guias claros e relevantes para um desempenho adequado	*Recursos* - Ferramentas e materiais de trabalho concebidos cientificamente para corresponder aos factores humanos	*Incentivos* • Incentivos financeiros adequados condicionados ao desempenho • Incentivos não monetários • Oportunidades de desenvolvimento de carreira

Repertório de Comportamento da Pessoa	*Conhecimento* • Formação concebida sistematicamente que corresponde às exigências de um desempenho exemplar • Colocação	*Capacidade* • Programação flexível do desempenho para corresponder à capacidade máxima • Prótese • Moldagem física • Adaptação • Selecção	*Motivos* • Avaliação dos motivos das pessoas para trabalhar • Recrutamento de pessoas para corresponder às realidades da situação

Fig. 2.2 Modelo de Engenharia de Comportamento

Fonte: Chevalier (2003)

Mager (1997), como especialista em desenho instrucional, disse que os instrutores deveriam ir além do que ensinam até ao resultado que os aprendentes irão obter da aprendizagem. Concentrou-se nos objectivos de desempenho humano. Desenvolveu um modelo de análise de desempenho para identificar os problemas de desempenho

Rummler e Brache (1990) deram o modelo de nove variáveis de desempenho (Fig. 2.3). Disseram que cada componente de uma organização estava interligado e que a solução para o desempenho individual e o desempenho organizacional deveria ser diferente. Segundo eles, havia três níveis de desempenho, nomeadamente o nível organizacional, o nível do processo e o nível de desempenho, que estão interligados. Os objectivos, concepção e gestão eram diferentes para estes três níveis.

Concentraram-se no artista individual que utilizou a entrada como alimentação e liberta a saída final. A produção foi o resultado do desempenho do artista individual. Também identificaram seis factores que afectam o desempenho humano: especificações de desempenho, apoio a tarefas, consequências, feedback, competências/conhecimentos e capacidade individual. Estes factores reforçaram o modelo que consolida os níveis de análise e os factores de desempenho humano. O trabalho destes pioneiros preparou o caminho para que outros técnicos de desempenho trabalhassem e desenvolvessem novos modelos no campo da Tecnologia de Desempenho Humano.

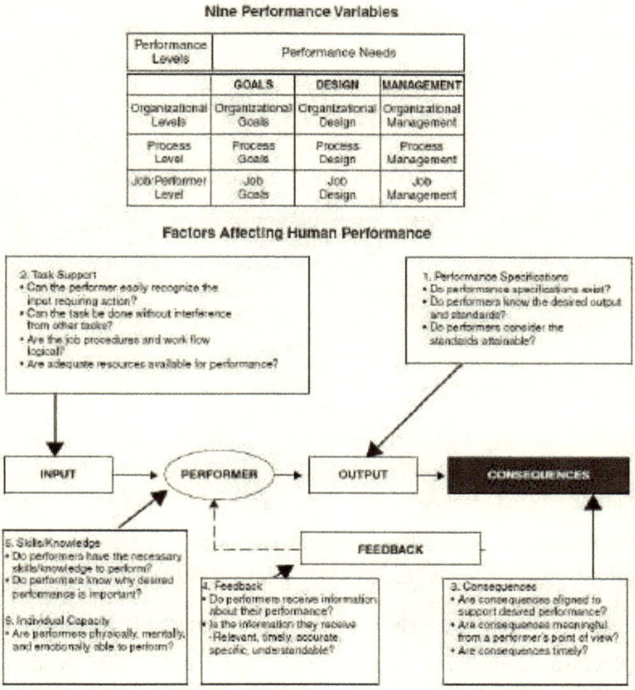

Fig 2.3 Modelo de Nove Variáveis de Desempenho de Rummler

Fonte: Watkins and Dough leigh (2010)

Modelos de diagnóstico

Os modelos de diagnóstico indicavam onde o HPT poderia ser aplicado. As Harless front-end analysis e as Rummler's Performance Variables eram, por natureza, diagnósticos. Os outros novos participantes seguiram o caminho dos pioneiros do HPT no desenvolvimento do modelo de HPT. William Deterline deu um modelo concentrado no executante individual (Fig. 2.4).

O intérprete individual é influenciado por factores pessoais e organizacionais. Estes factores não estão ligados uns aos outros e, na sua maioria, não trabalham em conjunto para melhorar o desempenho individual.

A análise do desempenho deve desempenhar um papel importante na identificação do elo que falta no ambiente e fazê-los alinhar-se entre si para enriquecer o desempenho individual.

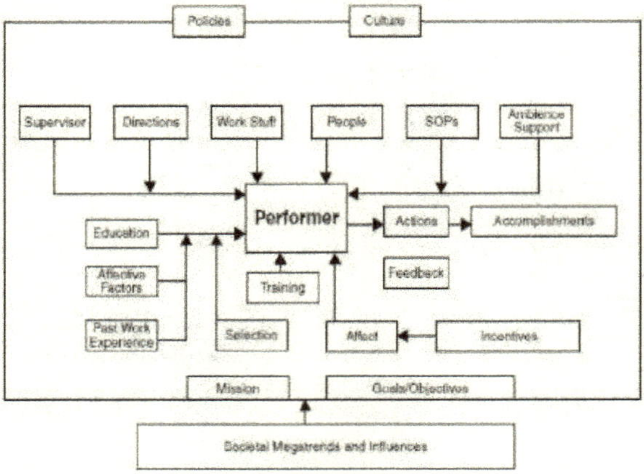

Fig 2.4 Modelo centrado no desempenho

Fonte Watkins e Dough leigh (2010)

Wile (1996) sintetizou ainda mais o modelo HPT, distinguindo os factores externos e internos ao artista. Identificou ainda os tangíveis e intangíveis entre os factores externos (Fig. 2.5). Os factores pessoais como habilidade, motivação intrínseca, e estabilidade emocional foram adicionados aos factores internos ao artista. Este modelo era muito simples e ajuda o analista a planear o processo de análise em duas direcções. Ele tentou diferenciar as intervenções relacionadas com o conhecimento e desenvolvimento de competências com as outras intervenções, abrindo o caminho para a melhoria do desempenho.

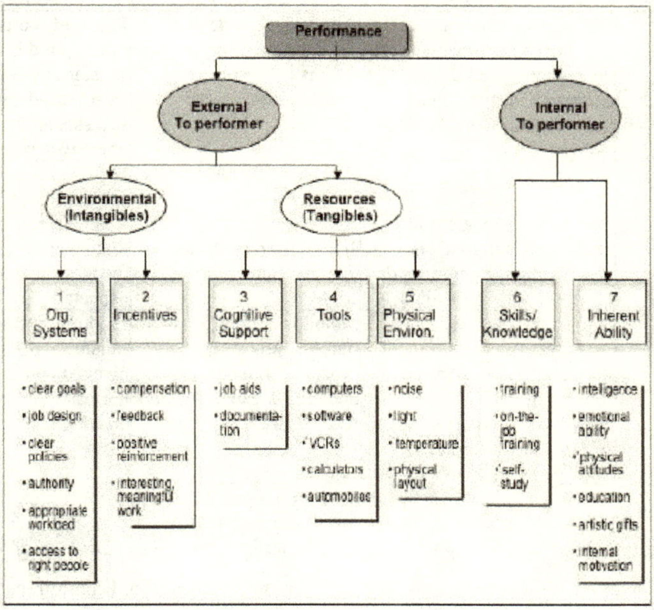

Fig 2.5 Modelo de HPT Sintetizado da Wile
Fonte: Watkins and Dough leigh (2010)

Tosti e Jackson (1997) seguiram o caminho de Rummler e analisaram o desempenho em três níveis: organização, pessoas e trabalho sob as condições, processo e resultados. Este modelo é sistemático, abrangente, manejável e fácil de comunicar aos clientes (Fig. 2.6).

	Condições	Processo	Resultados
Organização	Estratégia, estrutura, estratégia de missão, motores de negócio externos, agrupamento funcional, autoridade orçamental/de decisão	Sistemas: grau de centralização, consistência das operações, flexibilidade	Resultados organizacionais: satisfação dos investidores, satisfação dos accionistas da sociedade, medidas de sucesso, alinhamento de objectivos com/missão
Pessoas	Práticas climáticas: valores empresariais/individuais, gestão/liderança, normas de equipa, ética e integridade	Requisitos do intérprete: Competências, conhecimentos, ajudas/referências de trabalho, selecção, conferência	Motivação: feedback satisfação dos empregados, frequência, calendarização, recompensas e reconhecimento, expectativas
Trabalho	Ambiente, Recursos: Ambiente físico, ferramentas, informação sobre materiais, pessoal/serviços de apoio, acessibilidade dos recursos, carga de trabalho, exigências	Métodos: atribuição de funções, processo, procedimentos, duplicação/gapacidade do fluxo de trabalho	Produtos, serviços: satisfação dos clientes, níveis de produtividade, normas/critérios, qualidade da entrega do produto

Fig 2.6 Múltiplos níveis de Tosti e Jackson

Fonte: Watkins and Dough leigh (2010)

De acordo com Watkins and Dough leigh (2010), David Langdon's Language of Work Model (Fig. 2.7) foi fácil de aplicar mesmo para os principiantes no campo. É compreensível para os principiantes que podem conhecer os conhecimentos e capacidades dos intérpretes mas incapazes de o descrever sistematicamente. Avalia o desempenho a quatro níveis: entrada, processo, saída e consequências. Ajuda a identificar a localização dos problemas de desempenho. A melhoria do desempenho visa resolver o problema do desempenho e não se detém apenas na localização do problema do desempenho.

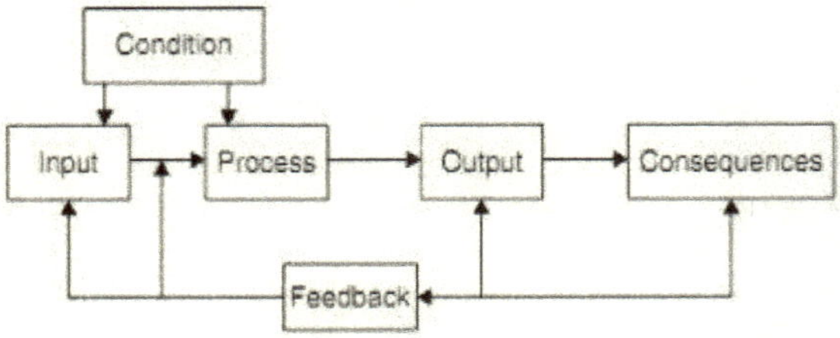

Fig 2.7 Modelo de linguagem de trabalho

Fonte: Watkins and Dough leigh (2010)

Modelos de processo

Os modelos de processo tendem a identificar as intervenções relevantes para uma determinada organização. Eles declaram como o HPT pode ser aplicado. Os modelos de processo iniciais são lineares e tentam aplicar uma solução específica para um problema específico. As cinco características dos modelos de processo são as seguintes (Watkins & Dough leigh 2010)

1. Os modelos neste grupo são lineares ou sequenciais.
2. Têm actividades faseadas ou agrupadas,

3. São impulsionados por uma análise de lacunas,
4. São orientadas para a intervenção,
5. Contêm um mecanismo de feedback

Um modelo de processo tem assim diferentes domínios de actividades que são sequenciais e contêm um grupo de actividades. Os modelos de processo, contudo, variam nos seus domínios individuais. Cada autor segue caminhos diferentes para produzir os seus resultados focalizados. A análise de lacunas é um passo importante nos modelos de processo. A lacuna é a diferença entre o nível de desempenho actual e o desejado. As etapas dos modelos de processo são lineares e podem ser feitas em série, evitando confusão na adopção dos modelos. A identificação das intervenções é o cerne de todos os modelos de processo. Os modelos de processo permitem a avaliação das intervenções que prevêem a adequação das intervenções e existe um ciclo de feedback que permite correcções.

O modelo da Sociedade Internacional para a Melhoria do Desempenho (ISPI) (ISPI, 2000) é um exemplo clássico de modelos de Processo. Este modelo é amplamente utilizado em diferentes aplicações. A estrutura básica deste modelo é apresentada na Fig. 2.8

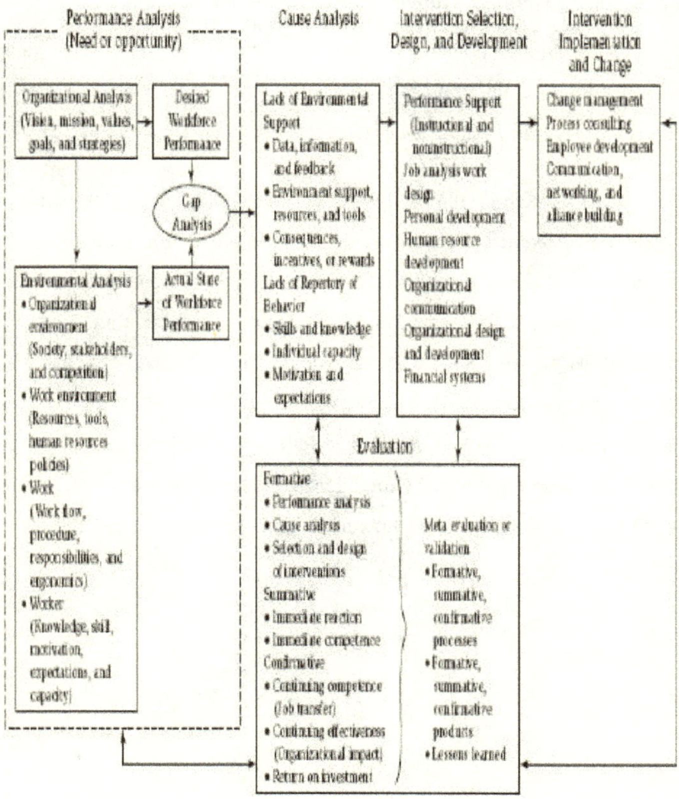

Fig 2.8 Modelo ISPI HPT

Fonte : Van Tiem *et al.*, (2004)

A maioria dos modelos de processo visam o desempenho organizacional, dando menos preferência ao desempenho individual. Modelo de desempenho humano por Atkinson (Fig. 2.9) e modelo ISPI

mostrou uma relação entre a análise das causas e as intervenções seleccionadas.

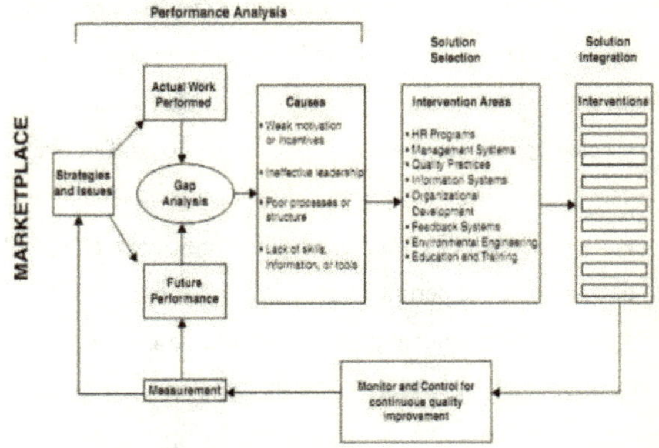

Fig 2.9 Modelo de desempenho humano

Fonte: Watkins and Dough leigh (2010)

O presente estudo seguiu o modelo do processo, modelo ISPI HPT para diagnosticar o desempenho organizacional da empresa retalhista. Algumas modificações do modelo foram feitas para adequar o modelo à empresa de retalho.

Modelos holísticos

Estes são não lineares e têm domínios ligados uns aos outros. O modelo tridimensional de Stock e o modelo da Advancia Consulting são considerados sob o modelo Holistic Models Stock (1996) tinham três dimensões, a saber, o emocional, o racional e o nível executivo ou de gestão ou de desempenho (Fig.2.10). Este modelo também tem nove variáveis de desempenho formadas pela intersecção do nível de pessoal e do nível racional. Ele diferencia os indivíduos de uma organização dos executivos, gestores, os superiores do executante e, em última análise, avalia o executante. Este modelo tem uma característica adicional chamada a parte emocional. Isto tenta retratar que a inteligência emocional do indivíduo desempenha um papel crucial no seu desempenho. Esta é uma nova direcção nos modelos HPT.

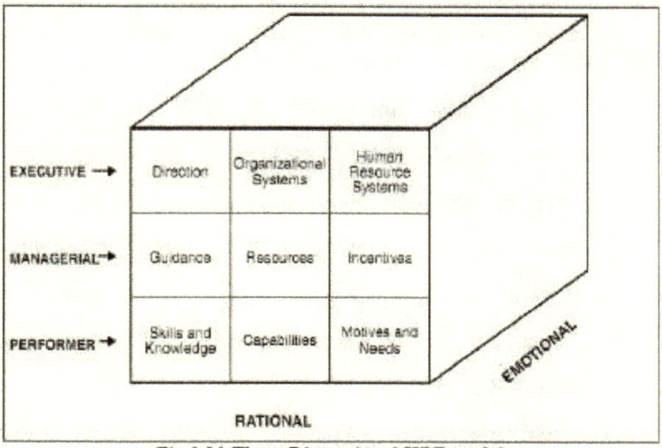

Fig 2.10 Three Dimensional HPT model

Fig 2.10 Modelo de HPT tridimensional

Fonte: Watkins and Dough leigh (2010)

O modelo Advancia Consulting 2000 (Fig. 2.11) contém três círculos indicando pessoas, processo e organização e sobrepondo-se uns aos outros. São as actividades centrais do modelo. Os factores externos como a análise do processo empresarial, simulação, e tecnologia instrucional actuam sobre as funções centrais e produzem um resultado satisfatório de melhoria de desempenho.

Da discussão anterior, pode-se concluir que qualquer modelo único não pode ser universalmente aplicado a todos os ambientes e problemas empresariais. Além disso, os modelos HPT desenvolvidos ao longo dos anos incorporaram as mudanças sugeridas por diferentes tecnólogos de desempenho. Um vasto domínio de conhecimento é essencial para a utilização de qualquer modelo num cenário empresarial.

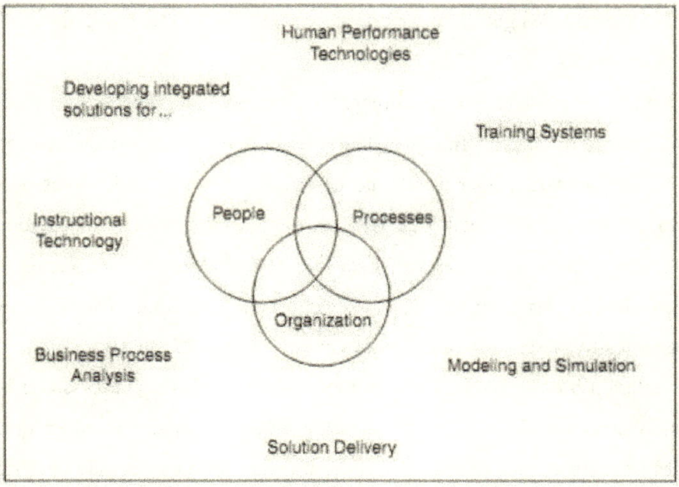

Fig 2.11 Advancia consulting 2000 model

Fig 2.11 Modelo de consultoria Advancia 2000
Fonte: Advancia consulting, 2000. adaptado de Watkins *et al.*, (2010)

As discussões acima referidas sobre os modelos de HPT são também vitais para o presente estudo, uma vez que o estudo aplica um modelo de HPT para melhorar o desempenho organizacional. A discussão do modelo de HPT confirmou a existência de diferentes modelos de HPT e a selecção do modelo adequado para o problema do desempenho é importante. O presente estudo seleccionou o modelo de HPT da ISPI para diagnosticar o desempenho organizacional da empresa retalhista, uma vez que é amplamente aplicado. É apresentada uma análise sobre a aplicação do modelo de HPT da ISPI em diferentes campos.

2.2.2 Aplicações do Modelo ISPI HPT

Van Tiem (2004) tentou realçar a utilização de intervenções e a perícia dos tecnólogos de desempenho. Este estudo foi uma tentativa de validar a prática dos tecnólogos de desempenho e de melhorar o processo de tomada de decisão. O autor enumerou as intervenções a serem estudadas com base na literatura e tinha dado as intervenções mais utilizadas. As intervenções foram divididas em sistemas de apoio ao desempenho, análise ou concepção de trabalho, desenvolvimento de recursos humanos, comunicação organizacional, concepção e desenvolvimento organizacional e sistemas financeiros.

Os resultados confirmaram que todas as intervenções listadas são utilizadas nas organizações. O seu estudo encontrou uma relação positiva entre anos de experiência e nível de especialização. Os experientes técnicos de desempenho contribuíram positivamente para as organizações. Os peritos com experiência entre 11 e 15 anos teriam ganho experiência na utilização de 15 a 25 intervenções e os conhecimentos sobre a implementação das intervenções seleccionadas. O estudo recomendou a utilização de uma amostra global para estudar os CPTs como designação de Certified Performance Technologists (CPT) é uma designação internacional.

O presente estudo também teve como objectivo conceber intervenções adequadas para a empresa retalhista seleccionada, a fim de melhorar o seu desempenho organizacional.

Masse *et al.* (2005) tentaram ligar a HPT no desenvolvimento das iniciativas de gestão do conhecimento. Mostraram um quadro de HPT para conhecer o sistema de desempenho no trabalho de conhecimento organizacional. Esta estrutura ajudou na compreensão de todo o sistema e na selecção das intervenções adequadas para o sistema. Os HPT ajudaram a identificar as iniciativas de gestão do conhecimento. Os HPT ajudaram no processo de inovação, orientaram o desempenho dos funcionários envolvidos no processo de inovação e armazenaram o conhecimento adquirido. O estudo de caso ajudou a saber que os HPT facilitaram as iniciativas de gestão do conhecimento na compreensão sistemática dos problemas e introduzir as mudanças necessárias a todos os níveis para melhorar o desempenho global.

Buchen (2006) traçou sobre o novo futuro dos profissionais de RH e HPT. Afirmou que uma mudança organizacional eficaz e um desempenho melhorado com rigor credível e persuasivo só seriam assegurados quando os critérios de desempenho dos HPT servissem como uma sobreposição de qualidade para qualquer esforço. Reiterou também que os profissionais de HPT devem assegurar que as iniciativas de mudança ou desempenho não sejam aleatórias, mas que sejam subsumidas e integradas numa abordagem totalmente sistemática. Isto ajudaria tanto as funções de RH como de HPT a trabalhar em conjunto e a acrescentar valor à organização.

Bender (2006) disse que os inquéritos quantitativos, qualitativos e qualitativos (Trio de inquéritos ou Q3) podem ser aplicados em HPT. Além disso, acrescentou que estes inquéritos ajudarão a analisar os fenómenos anteriores, existentes e possíveis que procuram respostas aos inquéritos, ou seja, o que aconteceu? (2) O que está a acontecer? e (3) O que irá acontecer? Estes inquéritos conduzirão à solução do problema e, finalmente, produzirão intervenções adequadas. A abordagem dos sistemas Q3, esboça as normas HPT que estão centradas nos resultados. Mantém uma abordagem harmoniosa e sistemática na investigação das limitações passadas, presentes e potenciais a todos os níveis de desempenho.

Bolln (2007) rastreou a aplicação de HPT em cenários militares para resolver os seus problemas de desempenho. Tentou realçar as diferenças na aplicação de HPT em cenários militares e não militares. O princípio básico dos HPT permanecerá o mesmo mas a tecnologia e os padrões aplicados para erradicar os problemas de desempenho das organizações militares variam em relação às organizações normais. Disse ainda que o praticante de HPT deve compreender a abordagem centrada na missão do cenário militar, uma vez que a incapacidade de alcançar os seus objectivos pode causar uma destruição drástica a toda a sociedade. Os praticantes de HPT em ambientes militares precisam de uma abordagem centrada no pensamento sistémico. Segundo Bolln, eles acrescentam valor reduzindo o custo da operação militar, uma vez que os orçamentos militares são decididos pelos governos. O estabelecimento de parcerias para projectos de HPT nas organizações militares envolvendo, exército, marinha, força aérea é essencial para a manutenção da paz em todo o país.

Rosenzweig e Van Tiem (2007) tentaram ligar Appreciative Inquiry (AI) e HPT. Deram um modelo alternativo de ISPI HPT ligando AI e HPT. O modelo foi aplicado numa firma de casos e foi considerado útil no rastreio dos problemas nele existentes. Substituíram a análise da causa pela análise à distância. A consultoria de processos, gestão de projectos, desenvolvimento de funcionários, comunicação, criação de redes e alianças foram as principais intervenções sugeridas para a empresa. Comentaram claramente que a HPT:

"Abordagem Apreciativa oferece um enorme potencial para alterar uma abordagem orientada para o problema baseada no défice para uma abordagem mais enriquecedora e positiva que oferece esperança e promessa".

Pershing *et al.* (2008) realizaram um inquérito para trazer à tona o estado actual e as tendências futuras dos HPT. Descobriram que embora o HPT não seja totalmente reconhecido em muitas organizações, são valorizados pontos fortes como o pensamento sistémico e abordagens multidisciplinares aos problemas de desempenho. Os pontos fracos relatados são a rara utilização de HPT em pequenas organizações, a queda para correcções rápidas, e as deficiências na avaliação. Os profissionais de HPT precisam de fazer melhor para clarificar os princípios de HPT, comunicar os valores de HPT, e demonstrar o impacto organizacional dos HPT. Um questionário baseado na web foi utilizado para o inquérito.

Os peritos entrevistados foram da opinião de que a investigação sobre HPT estava a ser adequadamente conduzida, mas não estava a ser devidamente utilizada na prática. Salientaram a necessidade de uma investigação mais aplicada e de uma utilização mais extensiva de estudos de caso. Também forneceram as suas perspectivas sobre as influências de outros campos nos HPT, sugerindo a necessidade de os HPT se alinharem mais de perto com outras disciplinas que abordam questões de desempenho humano e organizacional.

McElyea e Van Tiem (2008) tentaram estudar a aplicação de HPT nas pequenas empresas. Encontraram muitas aplicações de HPT em pequenas empresas do que em grandes empresas, já que 99,7% das empresas americanas eram de pequenas empresas. Encontraram determinados critérios numa pequena empresa para aceitar o contrato e aplicar o princípio dos HPT. Disseram que a celebração de um contrato para resolver os problemas das pequenas empresas por um CPT exige paciência. As consequências serão enormes e causarão efeitos perigosos para a organização cliente. Isto irá criar dor emocional para os CPT, uma vez que irá reduzir a reputação do técnico de desempenho.

O modelo tradicional HPT da Van Tiem pode ser utilizado para desenvolver um plano de negócios, uma vez que ambos os requisitos são os mesmos. O requisito do cliente é um plano de negócios para a obtenção de empréstimo de um banco, mas os técnicos de desempenho encontraram a hipótese de aplicação do modelo HPT no desenvolvimento do plano de negócios. As intervenções identificadas pelos técnicos de desempenho criaram um milagre e os clientes foram capazes de suportar os resultados com sucesso no seu negócio, que em tempos se pensava ser uma porta fechada.

Um estudo de caso de Martin *et.al* (2009) sobre a aplicação do modelo HPT num Kayak Services Co. provou a força do modelo HPT na melhoria do desempenho da organização. O modelo foi aplicado para resolver a perda de receitas como resultado de clientes insatisfeitos, clientes mal informados e guias não informados claramente sobre o calendário das visitas. O estudo utilizou o modelo ISPI HPT para resolver os problemas de desempenho. O modelo ISPI HPT foi considerado o melhor modelo para observar o processo e informar claramente a organização cliente sobre o processo. Foi utilizado o diagrama de ossos de peixe para trazer à tona as causas dos problemas de desempenho e desempenho. Os resultados da análise deste caso mostraram o valor do processo tradicional HPT como modelo para a análise do desempenho na área das pequenas empresas e forneceram implicações para os profissionais para demonstrar a eficácia e adequação do modelo aos clientes em qualquer ambiente. Este estudo serviu de base para o presente estudo. O modelo utilizado neste estudo ISPI modelo de HPT e o diagrama de espinhas de peixe foram utilizados para o presente estudo.

Pullen e Gallant (2009) fizeram um estudo de caso sobre a utilidade da Tecnologia de Desempenho Humano no melhoramento da Real Polícia Montada Canadiana (RCMP) para a construção de talento de liderança e para o aumento do desempenho na linha da frente. O processo começou no ano de 2003 e levou 6 anos a ocupar plenamente todo o sistema. Segundo eles, o HPT proporcionou uma forma simples e estruturada de abordar quatro factores que fazem de qualquer destacamento ou unidade policial um bom local para trabalhar. Uma melhor compreensão do objectivo do trabalho, maior clareza sobre como fazer o trabalho, melhores relações de trabalho com os supervisores e uma compreensão do contexto estratégico e operacional mais amplo para o trabalho e as relações foram os factores abordados.

Ahn *et al.* (2009) aplicaram o HPT numa empresa de serviços de TI. Utilizaram o modelo ISPI HPT e foi utilizado um modelo de seis caixas para análise de causas. Foi conduzido um programa de aprendizagem de acção nomeadamente ALP/PM e os gestores do projecto participaram no programa de aprendizagem. O índice de satisfação do cliente foi elevado após a realização do programa.

Os estudos discutidos até agora encontraram assim as aplicações e a teoria dos HPT. A revisão também revelou a adequação da aplicação de HPT em qualquer indústria. No entanto, muito pouco trabalho foi feito na aplicação de modelos de HPT no Cenário Indiano. Por conseguinte, foi considerado apropriado utilizar esta ferramenta no cenário indiano e aplicar este conceito numa empresa retalhista para aumentar o seu desempenho organizacional.

2.3 Qualidade do Serviço de Retalho (RSQ)

A qualidade dos serviços de retalho é a opinião geral dos clientes sobre os serviços prestados pelas lojas individuais. Um serviço é a aplicação de capacidades especializadas por um agente económico (prestador de serviços) em benefício de outro agente económico (cliente) (Ahn, *et al.*, 2009).

Um cliente (também conhecido como cliente, comprador, ou comprador) é o destinatário de um bem, serviço, produto, ou ideia, obtido de um vendedor, vendedor, ou fornecedor por uma contraprestação monetária ou outra de valor (Blythe 2008).

O serviço ao cliente é uma série de actividades concebidas para aumentar o nível de satisfação do cliente, ou seja, a sensação de que um produto ou serviço correspondeu às expectativas do cliente (Turban *et al.*, 2002).

A Qualidade de Serviço é um julgamento ou atitude global, relacionada com a superioridade global do serviço (Parasuraman, *et al.*, 1988). Do mesmo modo, é também a percepção dos clientes de como um serviço satisfaz ou excede as suas expectativas (Czepiel, 1990).

A qualidade do serviço é normalmente medida pela SERVQUAL. Khare *et al.* (2010) aplicaram a construção SERVQUAL para estudar os aspectos de qualidade de serviço das lojas de retalho no Norte da Índia. Assumiu-se que o papel de empregado ou retalhista era importante na construção de relações com os clientes. As dimensões tradicionais de qualidade para avaliar a qualidade do serviço tiveram de ser modificadas para avaliar as necessidades de serviço dos clientes e a sua satisfação no sector retalhista. As expectativas de qualidade de serviço e a satisfação dos clientes dependeriam das interacções do pessoal de serviço com os clientes. Nos serviços de retalho, a satisfação dos clientes dependeria das relações que os retalhistas construíam com os seus clientes através das interacções. As interacções eram determinadas utilizando a escala tradicional SERVQUAL e adaptando-a à venda a retalho. Os resultados mostraram que existia uma alta correlação positiva entre as várias dimensões do serviço, e que a avaliação da qualidade do serviço por parte dos clientes era semelhante em diferentes grupos etários.

Shucui (2003) descobriu que SERVQUAL e RSQS eram as duas escalas principais utilizadas popularmente para medir os aspectos da qualidade do serviço. No entanto, sentiu-se que a qualidade de serviço das lojas de retalho é especial e envolve uma maior interacção interpessoal com os clientes. Assim, foi enquadrada e medida uma construção especial de qualidade de serviço de retalho utilizando a Balança de Qualidade de Serviço de Retalho (Dabholker *et al.* (1996). Ele também sugeriu que a RSQS fosse adaptada, modificada e validada no contexto do cenário específico do retalho em estudo.

Siu e Cheung. (2001) aplicaram a Escala de Qualidade de Serviços de Retalho (RSQS) para estudar a entrega de qualidade de serviço da cadeia de lojas de departamento e o seu impacto no comportamento de consumo. Entre as seis dimensões, o estudo concluiu que o aspecto físico e a política tiveram maior impacto na qualidade global do serviço e no padrão de consumo futuro.

Kim e Jim. (2002) tentaram validar a Escala de Qualidade do Serviço de Retalho nos EUA e na Coreia para lojas de desconto. Os autores descobriram que a dimensão política da escala RSQS não era adequada para a amostra, fazendo correlações item a item e, por conseguinte, essa dimensão foi removida do estudo. O estudo confirmou as diferenças culturais na percepção da escala RSQS, uma vez que os clientes norte-americanos e coreanos tinham uma percepção diferente da escala RSQS.

Nguyen e Le. (2007) aplicaram o RSQS nos supermercados vietnamitas. Descobriram que a percepção do cliente sobre a qualidade do serviço era principalmente influenciada pelo pessoal de serviço. Sugeriram que a satisfação do cliente pode ser aumentada através do aumento do desempenho do pessoal de serviço. Os clientes consideram a política e os aspectos físicos dos super-mercados como dimensões importantes. Refinaram a escala de RSQS em quatro factores: pessoal de serviço, política, aspectos físicos e fiabilidade. Verificou-se que o pessoal de serviço serviu como a principal força ao contribuir para a percepção do cliente sobre a qualidade do serviço nos super-mercados.

Kaul (2007) tentou examinar a aplicabilidade dos RSQs desenvolvidos nos EUA em condições indianas. Ela descobriu que o RSQS na Índia não era uma estrutura de cinco factores, independentemente da estrutura comprovada de cinco factores do RSQS por diferentes autores. Verificou também que o consumidor indiano não distingue entre atributos de serviço relacionados com fiabilidade e política. Um exame dos artigos indicou que os artigos em ambas as dimensões tinham uma característica comum a 'loja'. Todos os artigos eram claramente da responsabilidade da gerência da loja quer relacionados com a 'loja' cumprir as suas promessas (um artigo de confiança) ou relacionados com a 'loja' oferecer mercadoria de qualidade (um artigo de política). A análise do factor exploratório efectuada mostrou que todos os artigos de ambas as dimensões carregados sob um único factor. O autor desenvolveu diferentes modelos e testou usando modelação de equações estruturais. O autor também afirmou que as implicações culturais do país devem ser consideradas durante a construção da escala. O modelo apresentado na figura 2. 12 modificado por Kaul (2007) mostrou a qualidade do serviço como factor de segunda ordem e como construção formativa.

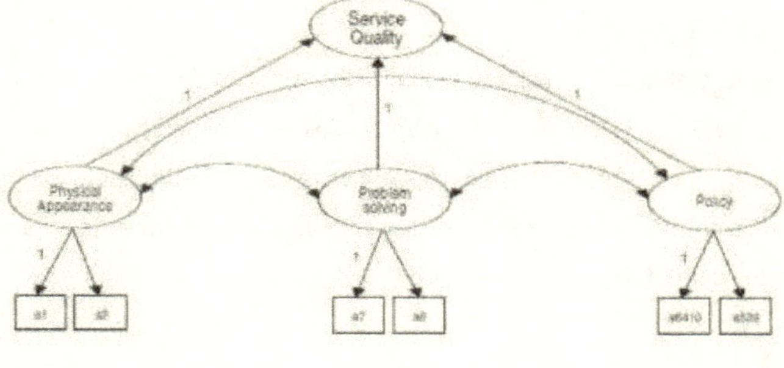

Fig 2.12 Três dimensões revistas de RSQS como primeira encomenda e qualidade de serviço como segunda encomenda

Fonte : Kaul, (2007)

Yuen e Chan (2010) tentaram encontrar o impacto da qualidade do serviço de retalho na lealdade dos clientes. O estudo mostrou que apenas três dimensões (aspectos físicos, fiabilidade e resolução de problemas) estão positivamente relacionadas com a fidelidade do cliente à loja, e uma dimensão (interacção pessoal) da qualidade do serviço retalhista foi positivamente associada à fidelidade do cliente ao pessoal.

Das *et al.* (2010) aplicaram a escala RSQS no Khazakistão. O estudo concluiu que a interacção pessoal e os aspectos físicos eram mais importantes para aumentar o número de clientes para as lojas de desconto, supermercados e grandes armazéns do Khazakistão.

Leen e Ramayah (2011) tentaram validar o RSQS no contexto empresarial malaio, especialmente no contexto de lojas especializadas em vestuário. Para este estudo foram seleccionadas duas conhecidas cadeias de lojas de vestuário de retalho. Os resultados obtidos a partir da análise dos factores de confirmação e testes de fiabilidade indicaram que todas as cinco dimensões dos aspectos físicos, fiabilidade, interacção pessoal, resolução de problemas e política são altamente adequadas para medir a qualidade do serviço retalhista nas lojas de vestuário, provando também que o instrumento é aplicável na cultura malaia. Através da análise de correlação, foi demonstrado que a qualidade do serviço retalhista está além disso associada ao comportamento de consumo futuro em termos da intenção dos clientes de visitar, comprar e recomendar as lojas a outros.

Verificaram também que o instrumento era comprovadamente válido, fiável e apropriado para o estudo de negócios de retalho que oferecem uma mistura de serviços e mercadorias. O instrumento era também aplicável noutra cultura que não os EUA, nomeadamente na Malásia. Tinham sugerido algumas implicações práticas, tais como a possibilidade de os retalhistas utilizarem o instrumento para aferir os actuais níveis de qualidade dos serviços de retalho, realizando inspecções periódicas para medir o desempenho e a melhoria dos serviços, bem como para detectar áreas problemáticas da qualidade dos serviços dentro das lojas que necessitam de atenção.

O presente estudo tentou relacionar a qualidade dos serviços de retalho com a inteligência emocional, satisfação profissional dos empregados e desempenho organizacional. As conclusões de Kaul 2007 foram consideradas e a fiabilidade da dimensão foi eliminada e a dimensão política foi mantida na escala. O presente estudo também utilizou a qualidade do serviço de retalho como factor de segunda ordem e como uma construção formativa.

2.4 Inteligência Emocional (EI)

A inteligência emocional é considerada uma importante construção psicológica que mede a componente emocional dos indivíduos. Muitos estudos organizacionais tinham provado a sua relação com o desempenho profissional, satisfação profissional, satisfação do cliente, etc.

Goleman (1995) definiu a inteligência emocional como uma habilidade de autocontrolo, zelo, persistência e a capacidade de se motivar a si próprio.

Segundo Mayer e Salovey (1997) A inteligência emocional é "a capacidade de perceber, avaliar com precisão, e expressar emoções; a capacidade de aceder e/ou gerar sentimentos quando facilitam o pensamento; a capacidade de compreender a emoção e o conhecimento emocional; e a capacidade de regular as emoções para promover o crescimento emocional e intelectual".

Bar-on (2000) definiu a inteligência emocional como um conjunto de conhecimentos e capacidades emocionais e sociais que influenciam a nossa capacidade global de lidar eficazmente com as exigências ambientais.

Chadda (2001) considerou a Inteligência Emocional como a capacidade de um indivíduo responder adequadamente e com sucesso a uma vasta variedade de estímulos que estão a ser obtidos a partir do eu interior e do ambiente imediato.

Bhattacharya (2007) viu a inteligência emocional como um agregado de indivíduos cognição de emoções próprias e alheias, sentimento, interpretação e acção de acordo com a exigência ambiental para manipular a consequência que, por sua vez, resulta num desempenho superior e melhores relações humanas'.

Kulkarni *et al.* (2009) consideraram a inteligência emocional como a "capacidade de controlar os próprios sentimentos e as emoções, de discriminar entre eles, e de utilizar a informação para orientar o próprio pensamento e as próprias acções.

Ranganath, e Krishnaveni. (2011) viram a Inteligência Emocional como a capacidade de um indivíduo perceber vários estímulos emocionais associados ao seu eu e ao seu ambiente, avaliá-los e regulá-los, a fim de produzir respostas comportamentais adequadas, resultando em melhores resultados intrapessoais e interpessoais

O desempenho individual foi examinado em relação à inteligência emocional geral e à inteligência emocional global por Lam e Kirby (2002). Verificou-se que a inteligência emocional global, percebendo e regulando as emoções contribuiu positivamente para o desempenho cognitivo individual baseado no desempenho.

Fatt (2002) identificou o impacto do género e da educação nos resultados da inteligência emocional. Constatou-se que os homens tendem a ter pontuações mais elevadas na inteligência emocional do que as mulheres. O lugar da educação (instituições estrangeiras ou locais) desempenhou um papel significativo na determinação da pontuação da inteligência emocional. Concluiu-se que os candidatos deveriam ser expostos aos testes de inteligência emocional para avaliar as suas competências antes de serem absorvidos pelas organizações.

Petrides *et al.* (2004) observaram a inteligência emocional, a inteligência psicométrica entre os indivíduos e os seus pais. Procura-se estabelecer uma ligação entre estereótipos baseados no género e a inteligência emocional e a inteligência psicométrica. Constatou-se que a inteligência psicométrica como atributo masculino e a inteligência emocional como atributo feminino.

Higgs (2004) estudou a relação entre a inteligência emocional e o desempenho do agente de call center. O estudo recomenda a inteligência emocional como um contribuinte na selecção de candidatos com elevado desempenho ao mesmo tempo que selecciona o potencial candidato.

O impacto da inteligência emocional do prestador de serviços na satisfação do cliente foi estudado por Kernbach e Schutte. (2005). Verificou-se que um prestador de serviços com elevada inteligência emocional pode trazer maior satisfação ao cliente.

Prentice e Brian (2011) estudaram o efeito da inteligência emocional no desempenho do serviço dos empregados da linha da frente numa indústria de casinos. O estudo encontrou um impacto positivo da inteligência emocional sobre o desempenho dos empregados. Descobriu-se que a inteligência emocional era essencial em empregos que exigiam trabalho emocional. Além disso, o estudo recomendou a incorporação da inteligência emocional no recrutamento e formação dos empregados da linha da frente.

2.4.1 Inteligência Emocional e Satisfação Profissional

Bar-on (1997) encontrou uma relação moderada entre a satisfação profissional e a inteligência emocional.

Abraham (2000) referiu-se às palavras de Salovey e Mayer (1990) que a atenção dirigida ao humor é uma faceta da inteligência emocional. Acrescentou ainda que os indivíduos emocionalmente inteligentes têm a capacidade de dar prioridade às tarefas que lhes são atribuídas e que tentam atender à tarefa que é de alta prioridade. Ele descobriu que a inteligência emocional através do controlo do trabalho previa uma grande variação na satisfação no trabalho. Os funcionários altamente emocionalmente inteligentes precisam de autonomia na tomada de decisões para que possam prosperar na organização.

Chiva e Alegre. (2008) tentaram encontrar a relação da inteligência emocional com a satisfação no trabalho, considerando a capacidade de aprendizagem organizacional. O estudo foi realizado numa indústria de azulejos de cerâmica.

Schutte *et al.* 1998 medição da escala de inteligência emocional, Ganzach (1998) medição da satisfação no trabalho e Chiva *et al.* (2008) medição da Capacidade de Aprendizagem Organizacional (OLC) foram utilizados no estudo. O estudo concluiu que os trabalhadores com elevada EI gostariam de preferir numa organização com elevada Capacidade de Aprendizagem Organizacional. No entanto, a relação directa entre EI e satisfação no trabalho foi muito baixa e não significativa. Foi encontrado um efeito mediador adicional da OLC na relação entre o EI e a satisfação no trabalho. O resultado confirmou que a OLC desempenhou um papel significativo para os funcionários emocionalmente inteligentes e facilitou-lhes a obtenção de uma elevada satisfação no trabalho.

Hajj e Grace. (2010) fizeram uma tentativa de identificar a relação de satisfação profissional com a Inteligência Emocional num sector de serviços. Este estudo comparou diferentes facetas da satisfação no trabalho com a Inteligência Emocional. A Wong Law Emotional Intelligence Scale (WLEIS) e o Spector's Job Satisfaction Survey (JSS) foram utilizados para medir a inteligência emocional e a satisfação no trabalho, respectivamente. O inquérito foi realizado entre os funcionários de organizações de serviços libanesas. Foi prevista no estudo uma relação positiva e significativa das três facetas da satisfação no trabalho, a saber, superiores, co-trabalhadores e natureza do trabalho com inteligência emocional.

2.4.2 Inteligência emocional e desempenho organizacional

Hussain e Rahim (2010) tentaram relacionar a inteligência emocional e o desempenho organizacional. Descobriram que a inteligência emocional por si só não garantirá maiores lucros ou melhor desempenho da organização ou maior quota de mercado, uma vez que as corporações são demasiado complexas e nenhuma intervenção isolada irá curar todos os males. Mas a forma como as pessoas trabalham em conjunto, juntamente com a perícia técnica e a capacidade de formar uma rede forte, pode ser melhorada para ajudar as equipas a ultrapassar os inevitáveis estrangulamentos e assim acelerar o tempo necessário para atingir o melhor desempenho e objectivos organizacionais. Desta forma, a inteligência emocional reforçada pode ser considerada como tendo um efeito catalisador, ajuda a alavancar o capital intelectual, e isso é também um ingrediente crucial para alcançar uma vantagem competitiva.

A relação entre a inteligência emocional e a satisfação profissional foi confirmada pelos estudos acima mencionados. Assim, o presente estudo tentou relacionar a inteligência emocional e a satisfação no trabalho teoricamente e testar utilizando modelos de equações estruturais.

2.4.3 Inteligência Emocional e qualidade de serviço

Naeem *et.al* (2008) estudaram a relação da inteligência emocional com a qualidade do serviço. O estudo foi realizado em bancos. O estudo descobriu que a inteligência emocional como forte preditor da qualidade do serviço. O estudo recomendou a aplicação de competências de inteligência emocional para melhorar a qualidade de serviço dos bancos.

Kim (2010) tentou estudar o impacto da inteligência emocional do vendedor sobre a qualidade do serviço percebido pelos clientes. A relação positiva entre o vendedor e os clientes ajudou a manter experiências positivas no ambiente retalhista. O estudo chegou com resultados como a inteligência emocional dos vendedores afectou os comportamentos de venda adaptativos como um todo, a inteligência emocional dos vendedores afecta a expressão emocional positiva como um todo, os comportamentos de venda adaptativos dos vendedores influenciaram significativamente a qualidade do serviço percebido pelos clientes, a expressão emocional positiva dos vendedores nos encontros de serviço teve efeitos significativos na qualidade do serviço percebido pelos clientes e os sorrisos radiantes dos vendedores, a expressão facial alegre e os cumprimentos são factores importantes para melhorar a qualidade do serviço percebido pelos clientes.

A revisão do trabalho sobre inteligência emocional recomendou a aplicação da inteligência emocional em organizações relacionadas com serviços. Assim, o presente estudo seleccionou a inteligência emocional como um dos elementos ambientais na determinação do desempenho organizacional através do elemento mediador satisfação no trabalho.

2.5 Satisfação no trabalho

A satisfação no trabalho é a atitude positiva do empregado em relação ao trabalho.

Hoppock (1935) definiu a satisfação profissional como "qualquer combinação de circunstâncias psicológicas, fisiológicas e ambientais que faz com que uma pessoa diga com verdade: 'Estou satisfeito com o meu trabalho'".

Locke (1976) definiu a satisfação profissional como "um estado emocional agradável ou positivo resultante da avaliação do próprio trabalho ou das próprias experiências profissionais".

Spector (1997) acreditava que a satisfação profissional pode ser considerada como um sentimento global sobre o trabalho ou como uma constelação relacionada de atitudes sobre vários aspectos ou facetas do trabalho.

Havia muitas medidas para medir a satisfação no trabalho. Eram escala de rostos, Questionário de Satisfação de Minnesota (MSQ), Índice Descritivo de Emprego (JDI), Inquérito de Satisfação no Emprego (JSS), Inquérito de Diagnóstico de Emprego, etc.

Cook, *et al.* (1981) declararam que a primeira medida contemporânea de satisfação profissional, publicada pela Hoppock em 1935, era uma medida de 4 itens de satisfação profissional geral. Acrescentaram ainda que foram seguidas dezenas de medidas para avaliar tanto a satisfação geral no trabalho como as facetas específicas da satisfação.

Jeffrey *et al.* (2001) afirmaram que entre as várias medidas de satisfação profissional, o Índice

Descritivo de Emprego (desenvolvido por Smith *et al.*, 1969) forneceu cinco subscritores que medem diferentes facetas de satisfação profissional.

A satisfação no trabalho tem estado ligada a muitos factores como o desempenho no trabalho, desempenho da loja, qualidade do serviço e inteligência emocional.

Poucos estudos, no entanto, relacionam a satisfação profissional e o desempenho da loja com a satisfação profissional e a qualidade do serviço.

Donnely e Etzel (1977) estudaram a relação entre a satisfação profissional e o desempenho da loja de retalho. O estudo foi realizado em lojas de comércio a retalho. As lojas foram agrupadas em dois tipos: lojas com vendas altas e lojas com vendas baixas. Verificou-se que as vendas eram inversamente proporcionais à satisfação no trabalho e directamente relacionadas com o stress da ansiedade e a propensão para sair nas lojas com vendas elevadas. O pessoal de vendas nas lojas com baixas vendas expressou satisfação no que diz respeito a pagamento, estima, autonomia e auto-realização. Nas lojas de grande volume, onde os gestores eram recompensados pelo alto desempenho, os gestores visavam o alto desempenho à custa das necessidades dos empregados. Mas nas lojas de baixo volume houve pouca ênfase na produção, existem mais oportunidades de interacção social e um ritmo de operação menos agitado. Este estudo deu a informação de que alvos pesados sem remuneração aos empregados de vendas, excepto o gerente da loja, resultariam numa baixa satisfação. Isto poderia fazer com que os funcionários de vendas saíssem da organização. Isto deve ser tido em conta ao conceber as intervenções para melhorar o desempenho organizacional no presente estudo.

Christen *et al.* (2006) tentaram associar esforço, satisfação no trabalho e desempenho profissional e finalmente levar a um desempenho firme. Partilha de lucros, remuneração fixa, factores de trabalho e problemas com a percepção de papéis foram o esforço da empresa que causou a satisfação no trabalho. A capacidade e o esforço conduziram ao aumento do desempenho no trabalho do empregado. Existe um efeito negativo e directo do esforço e um efeito positivo e directo do desempenho no trabalho sobre a satisfação no trabalho. O desempenho no trabalho causou o desempenho da loja.

O presente estudo tentou associar a satisfação profissional com a qualidade do serviço de retalho e o desempenho organizacional de uma empresa de retalho.

2.5.1 Satisfação profissional e qualidade do serviço

Malhotra e Mukherjee (2004) estudaram a influência do compromisso organizacional e da satisfação profissional na qualidade do serviço dos funcionários de contacto com clientes nos centros de atendimento bancário. O estudo confirmou a opinião de que os funcionários satisfeitos prestavam melhores serviços do que os funcionários insatisfeitos.

Bodouva (2009) tentou ligar o clima de trabalho e a qualidade do serviço dos empregados e a sua relação com a orientação para os objectivos dos empregados, a auto-eficácia e a satisfação no trabalho. O estudo conseguiu descobrir que as atitudes dos empregados como a satisfação profissional tiveram um maior impacto nos serviços prestados por eles.

Assim, os estudos discutidos acima poderiam fornecer a informação válida para analisar o desempenho da organização através dos factores satisfação profissional, inteligência emocional e qualidade do serviço de retalho e conceber intervenções de recursos humanos para melhorar o desempenho organizacional da empresa de retalho seleccionada.

2.6 Modelação de Equações Estruturais (SEM)

A Modelação de Equações Estruturais (SEM) é uma ferramenta estatística especialmente concebida para estudos não experimentais como ciências de gestão, ciências comportamentais, etc. Os vários conceitos de SEM como construções formativas, reflexivas, latentes, variáveis observadas, construções unidimensionais, construções multidimensionais foram discutidos nesta secção.

Diamantopoulos e Winklhofer. (2001) tentaram trazer à tona um novo pensamento, utilizando medidas formativas para a construção de índices em marketing. O estudo centrou-se no modelo de indicadores formativos e apresentou algumas directrizes para a construção de medidas formativas multi-itens. Declararam ainda que as construções de marketing podiam ser melhor descritas quando olhadas de um ângulo formativo do que de um ângulo reflector. Constatou-se ainda que a respeciação dos indicadores desde o reflectivo ao formativo resultaria num melhor ajuste do modelo.

Carter (2006) tinha dado uma ideia sobre o tratamento de dados em falta na modelação de equações estruturais. Qualquer inquérito pode, por vezes, produzir um dado em falta. Mas dados completos eram essenciais para a análise. O autor tinha dado algumas técnicas como eliminação por pares, eliminação por lista, imputação, métodos Full-Information Maximum Likelihood (FIML) para o tratamento de dados em falta. Ele tinha referido as palavras de Wothke (1998) que tanto AMOS como Mx (Structural Equation Modeling Modeling programs) maximizam a probabilidade dos dados observados, calculados minimizando a função e tanto AMOS como Mx não estavam limitados pelo número de padrões de dados em falta, e não requerem passos complexos para acomodar os dados em falta.

Petter *et al.* (2007) tinham discutido sobre as construções formativas. Normalmente, por defeito, a relação entre construção e item é assumida como reflectora, o que significa que os itens de medição são um reflexo da construção. Muitas vezes, porém, a natureza da construção não é reflexiva, mas sim formativa. As construções formativas ocorrem quando os itens descrevem e definem a construção em vez de o serem vice-versa. O problema da utilização de construções formativas torna-se especialmente agudo na SEM baseada na covariância, onde a capacidade de convergir para uma solução é extremamente sensível ao número de itens nas construções modelo. Referiram também as palavras de Sivo *et al.* (2006) que técnicas de redução de itens como indexação e parcelamento de itens são por vezes utilizadas para lidar com este problema, mas estas requerem pressupostos que são difíceis de cumprir, incluindo amostras aleatórias e imparciais, permutabilidade de itens, e unidimensionalidade. O autor tinha citado a figura para modelo de medição formativa e reflectora (Fig. 2.13) para uma melhor compreensão do significado.

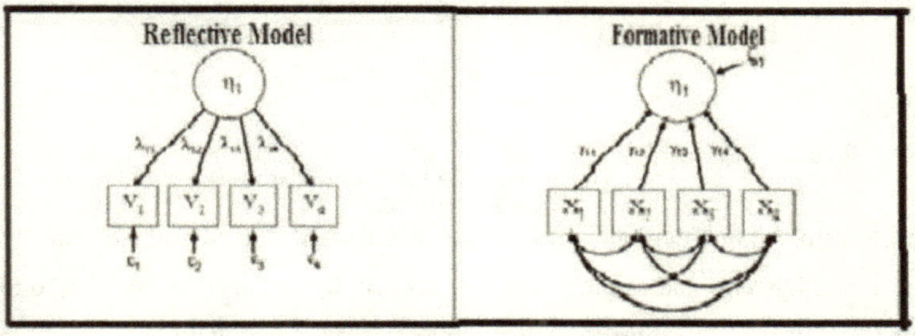

Fig 2.13 Modelo reflexivo e formativo

Fonte : Petter et al., (2007).

O presente estudo utilizou a qualidade do serviço de retalho como construção formativa das seis dimensões de qualidade de serviço da Escala de Qualidade do Serviço de Retalho. A revisão acima referida ajudou a conhecer as bases por detrás das construções reflexivas e formativas.

Chin *et al.* (2008) discutiram as aplicações da modelação de equações estruturais no marketing. Segundo eles, a modelação da equação estrutural reflecte uma rede de variáveis manifestas (variáveis observadas) e latentes (construção), bem como uma técnica estatística geral, representa uma ferramenta versátil e poderosa para abordar uma variedade de questões substantivas e metodológicas. Foi discutido um processo de cinco etapas de SEM, nomeadamente especificação do modelo, identificação do modelo, estimativa do modelo, avaliação do modelo e respecifica ção do modelo.

Roy (2008) tinha discutido sobre as construções formativas na investigação de gestão. Tinha falado sobre construções unidimensionais e multidimensionais. Ele disse que uma construção unidimensional é aquela que é medida por uma única dimensão, constituída por um conjunto de indicadores. Referiu a visão de Law *et al.* (1998) sobre a construção multidimensional e afirmou que se trata de uma "construção de nível superior que está subjacente às suas dimensões". Acrescentou ainda que uma construção multidimensional (Fig. 2.14) pode ser reflexiva na primeira ordem e formativa na segunda ordem ou vice-versa. Discutiu a utilização do método dos mínimos quadrados parciais para testar um modelo com construção formativa.

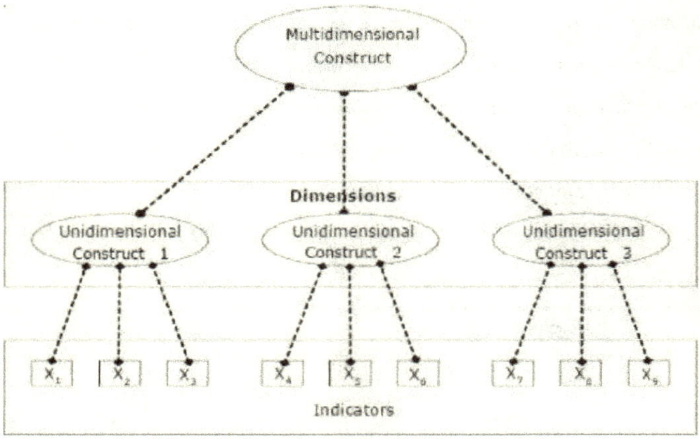

Fig 2.14 Construção multidimensional

Fonte: Roy (2008)

O presente estudo tinha definido a escala de qualidade do serviço de retalho como uma construção multidimensional com qualidade de serviço de retalho como construção formativa na segunda ordem e as suas dimensões como reflectoras na primeira ordem.

Hoe (2008) tinha dado alguns contributos válidos sobre questões e procedimentos para a adopção de modelos de equações estruturais. Estas questões podem dizer respeito ao tamanho da amostra, índices de ajuste global e abordagem. Tinha declarado que um tamanho de amostra igual ou superior a 200 era entendido como fornecendo poder estatístico suficiente para a análise de dados. Os índices de ajuste normalmente aplicados de acordo com o autor são NNFI e CFI (>0,90 indica bom ajuste), RMSEA (<0,08 indica ajuste aceitável), e comummente utilizados %2 estatística (%2Z d.f. ratio de 3 ou menos).

Um "p" elevado era bom, pois indicava que o modelo observado não é significativamente diferente do que era esperado. Pelo contrário, um baixo valor p, ou um próximo de zero, implicava um 'mau modelo' porque a hipótese nula é rejeitada com uma baixa probabilidade de se chegar a essa conclusão. Para além destas, foram também discutidas as diferentes abordagens na pesagem de itens de balanças individuais em SEM. Referiu as palavras de Bagozzi & Heatherton, (1994) sobre os tipos de abordagens como agregação total, desagregação total, desagregação parcial, e agregação parcial.

A discussão acima referida ajudou a avaliar o modelo teórico desenvolvido para o presente estudo. Os resultados obtidos a partir da modelação da equação estrutural para o trabalho actual foram avaliados pelos índices de ajuste acima referidos. A abordagem de desagregação parcial foi seguida para o presente estudo para a ponderação de itens individuais da escala na modelação da equação estrutural.

Tenenhaus (2008) tinha narrado sobre a modelação da equação estrutural baseada em componentes. Falou sobre as duas escolas complementares no campo da modelação de equações estruturais. ou seja, SEM baseada na covariância e SEM baseada nos componentes. A primeira abordagem foi desenvolvida por Joreskog (1989) e a segunda chamada PLS' (Partial Least Squares) por Wold (1985). Para além de um novo método SEM baseado em componentes denominado Análise de Componentes Estruturados Generalizados (GSCA) proposto por Hwang e Takane. (2004) foi também referido no estudo. A SEM baseada na co-variação foi geralmente utilizada com o objectivo de validação de modelos e necessita de uma grande amostra. A SEM baseada em componentes é principalmente utilizada para o cálculo de pontuação e pode ser realizada em amostras muito pequenas. Os vários métodos de estimativa utilizados para SEM baseada em covariância, como a Máxima

Probabilidade (ML) ou mínimos quadrados não ponderados (ULS), são descritos métodos de informação completos. Além disso, foi feita no estudo uma comparação entre PLS, GSCA, ULS-SEM path analysis, PCA path analysis e Scale path analysis.

O presente estudo utilizou a modelação de equações estruturais baseadas na covariância utilizando o software AMOS.

Singh (2009) discutiu sobre os índices de ajuste (IF) e os seus méritos e deméritos. Tinha dado as seguintes regras para a utilização dos índices de ajuste modelo.

> Relativamente ao ajuste geral, utilizar os cortes de IF para dados contínuos como: RMSEA < 0,06, TLI > 0,95, CFI > 0,95, raiz média quadrada residual padrão (SRMR) < 0,08 (por exemplo, Schreiber *et al.*, 2006 ; Hu & Bentler's 1999)

> Para variáveis categóricas, usar os valores de corte acima, excepto SRMR; também a raiz média ponderada residual quadrada (WRMR) < 0,90 funciona bem para dados contínuos e categóricos e WRMR <1,0 mesmo para dados contínuos moderadamente não normais (por exemplo, 2002).

> Para dados contínuos não normais quando N> 250, o valor de corte do CFI baseado em SB é 0,95 e SRMR a 0,07 (erros aceitáveis de tipo I e II) (por exemplo, 2002). Quando N> 500, o TLI ML e CFIML nos valores sugeridos eram aceitáveis com dados não-normais.

> O poder do TLI, CFI e RMSEA para detectar modelos com cargas mal especificadas é superior ao seu poder para detectar modelos com covariâncias mal especificadas (por exemplo, 2002). O poder do SRMR é maior para detectar modelos com covariâncias mal especificadas. A estatística Yuan-Bentler deve ser utilizada quando N está na gama 60-120 (por exemplo, Bentler & Yuan 1999).

> O Q-plot deve ser discutido, uma vez que os resíduos padronizados que se afastam excessivamente da linha Q-plot indicam que um modelo mal especificado (por exemplo, Byrne 1989).

> Apenas CN, NNFI e RMSEA não estão significativamente relacionadas com as características do estudo. NNFI é o índice mais adequado, uma vez que não estava significativamente relacionado com características do estudo, tais como tamanho da amostra, número de indicadores por variável latente, número de variáveis latentes, número de percursos estimados, e graus de liberdade (por exemplo, Berndt 1998).

A informação acima mencionada ajudou o estudo actual a avaliar o modelo teórico desenvolvido para o estudo.

Iacobucci (2010) também tinha dado alguma ideia sobre o tamanho da amostra, índices de ajuste e outras informações sobre modelação de equações estruturais. O autor tinha mostrado que o valor quadrático do chi e o valor do CFI aumentam à medida que o tamanho da amostra aumenta. De acordo com as suas inferências, o quadrado de chi era apenas inferencial e outros são descritivos. CFI era o "índice de ajuste comparativo" e ao contrário do %2, que compara um modelo com dados, o CFI toma o ajuste de um modelo com os dados e compara-o com o ajuste de outro modelo com os mesmos dados. Assim, este tipo de estatística capta a bondade relativa do - ajuste, ou o ajuste de um modelo hipotético como um incremento empírico acima de um modelo mais simples (em particular, um em que não são estimados caminhos). Além disso, foram discutidos no estudo tópicos avançados como moderação, dados longitudinais, análises de factores de ordem mais elevada, mediação, indicadores reflexivos e modelos de mínimos quadrados parciais.

Uma vez que o estudo actual tinha um desajuste no tamanho da amostra entre empregados e clientes (o número de clientes seleccionados é superior ao número de empregados), foi utilizado o método de dados em falta para testar o modelo. A investigação actual também utilizou AMOS para realizar a modelação da equação estrutural.

CAPÍTULO III

CONCEPÇÃO DO ESTUDO

Este capítulo contemplou a concepção da investigação utilizada para o estudo. O desenho de investigação seguido consistiu principalmente no procedimento de amostragem seguido, método de recolha de dados e instrumentos estatísticos aplicados para a análise.

3.1 Procedimento de Amostragem

Este estudo é realizado na cidade de Coimbatore, em Tamil Nadu. Há muitas lojas de retalho organizadas que vendem diferentes produtos de consumo. Uma conhecida empresa de comércio a retalho (ABRL) foi propositadamente seleccionada para este estudo. Em Coimbatore, a ABRL gere oito lojas (super-mercados) localizadas em diferentes partes da cidade. Entre estas oito lojas, quatro foram seleccionadas aleatoriamente. A localização destas lojas seleccionadas na cidade é mostrada na Fig.3.1. De cada loja seleccionada, 60 clientes foram seleccionados aleatoriamente e todos os funcionários destas lojas foram contactados. Além disso, todos os funcionários do escritório da zona foram também entrevistados. A localização da loja e o tamanho da amostra são apresentados na Tabela 3.1.

Quadro 3.1 Selecção de amostras de lojas, clientes e empregados

Nome da loja	Localização	Número de clientes	Número de empregados
Loja 1	Thudialur	60	7
Loja 2	Colónia de Saibaba	60	9
Loja 3	Vadavalli	60	12
Loja 4	Ganapatia	60	7
Escritório zonal	Pattinam	-	20
	Tamanho total da amostra	240	55

COIMBATORE

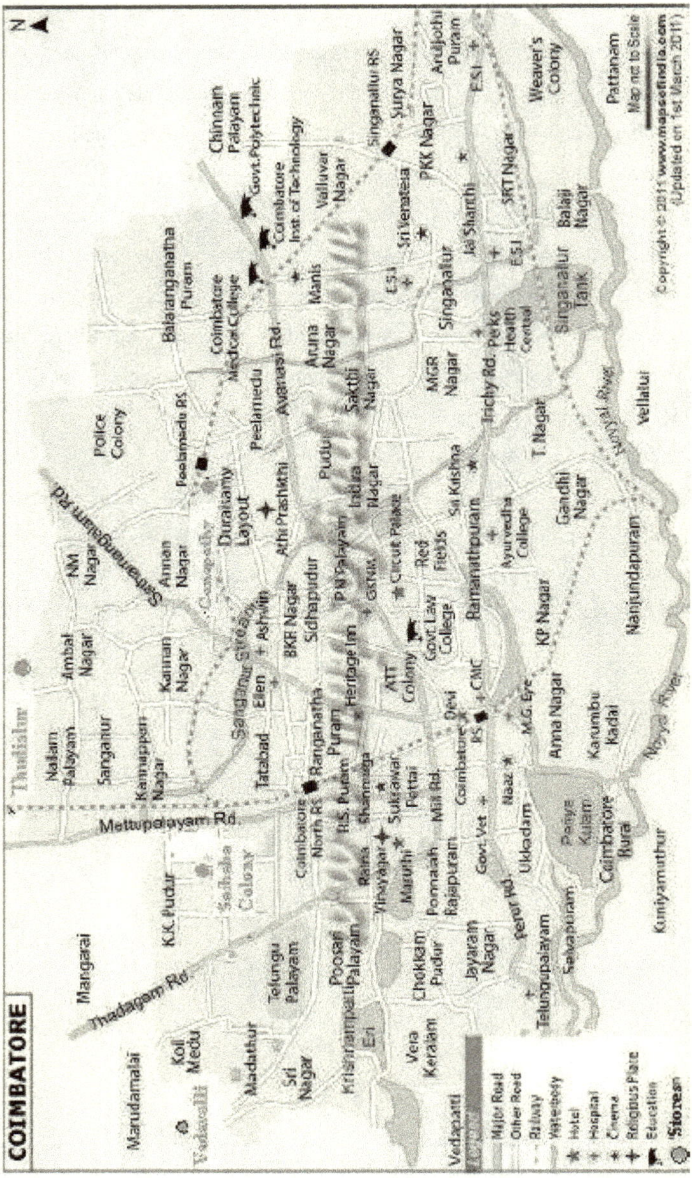

Fig 3.1 Localização das Lojas na cidade de Coimbatore

3.2 Recolha de dados

Os dados primários necessários para o estudo foram recolhidos através da técnica de entrevista pessoal. Foram elaborados questionários separados para os clientes (Anexo 1) e empregados (Anexo 2). Além disso, as actividades quotidianas das lojas foram observadas e o comportamento dos empregados da loja com os clientes foi sistematicamente documentado. Os empregados do escritório da zona foram também entrevistados com o questionário estruturado. Além disso, foram realizadas entrevistas separadas com os quatro gerentes de loja, um gerente de RH e um chefe administrativo da região de Coimbatore. Foi realizado um inquérito com os clientes e assistentes de serviço ao cliente para trazer à tona a realidade do problema e questões relacionadas com as respectivas lojas.

A recolha de dados foi feita durante o período de Outubro de 2011 a Dezembro de 2011.

3.3 Aplicação do modelo HPT e medição de elementos

3.3.1. Modelo de tecnologia de desempenho humano (HPT)

O estudo destina-se a diagnosticar o desempenho organizacional das empresas retalhistas através da aplicação do modelo da Tecnologia de Desempenho Humano (HPT) desenvolvido pela International Society for Performance Improvement (ISPI). A selecção de um modelo adequado de HPT é importante depois de estudar cuidadosamente a organização e o seu problema de desempenho. Desafia os tecnólogos a identificar o melhor modelo relevante para o problema expresso pela organização. A revisão da literatura ajudou na selecção do modelo tradicional de HPT desenvolvido pela ISPI. Este modelo tem amplas aplicações em muitos campos e já foi discutido no Capítulo II. A verdadeira medição da eficácia e adequação de qualquer modelo de HPT é a sua capacidade de visualizar e depois comunicar a lógica do processo a outros (Wilmoth *et al.*, 2002).

O modelo ISPI-HPT, no entanto, é uma excelente orientação para os técnicos de desempenho visualizarem o processo e comunicarem a lógica do processo ao cliente (Martin *et al.*, 2009). Este modelo consistiu em cinco fases, nomeadamente a análise do desempenho, a análise das causas, a concepção e desenvolvimento da selecção da intervenção, a implementação e mudança da intervenção e a avaliação. No presente estudo, apenas as três primeiras fases, nomeadamente a análise de desempenho, a análise de causa e a concepção e desenvolvimento da selecção da intervenção, foram consideradas devido ao limite de tempo. O modelo ISPI HPT (Fig. 3.2) identificado é assim utilizado neste estudo após ligeiras modificações baseadas na indústria retalhista. As fases seguidas para a aplicação deste modelo são semelhantes ao modelo original ISPI. Contudo, os elementos em análise ambiental foram identificados com base na adequabilidade das lojas de retalho estudadas. O estudo também desenvolveu um modelo ambiental organizacional para a análise das causas.

3.3.1.1 Análise de desempenho

A análise do desempenho é a primeira fase no modelo HPT. Esta fase penetra no funcionamento da organização e faz sobressair os objectivos e o nível de desempenho existente. Esta fase engloba tanto a análise organizacional como a análise ambiental.

3.3.1.1.1 Análise organizacional

A análise organizacional é o exame do material que os planos estratégicos são feitos sobre visão, missão, valores, objectivos e estratégias da organização (Van Tiem *et al.*, 2004). A análise organizacional traz à tona os métodos e as formas de fazer um trabalho. Isto também produz o nível de desempenho necessário dos funcionários e da organização. No presente estudo, os detalhes necessários para realizar a análise foram elucidados através de entrevista com os gestores e com base nos relatórios de vendas.

3.3.1.1.2 Análise ambiental

A análise ambiental é um processo para localizar as entradas necessárias e o meio envolvente ligado ao verdadeiro desempenho. Isto facilitou descobrir o actual nível de desempenho e os factores responsáveis por ele. A análise ambiental ajudou a estudar a organização completa que engloba todos os intervenientes, como clientes, concorrentes e, em última análise, a unidade individual da organização, o funcionário. A análise ambiental compreende o ambiente organizacional, o ambiente de trabalho, o trabalho e o empregado.

O ambiente organizacional neste estudo é avaliado através dos principais intervenientes da empresa, nomeadamente clientes e concorrentes. Do ponto de vista do cliente, a Qualidade do Serviço de Retalho serviu como a dimensão quantitativa para avaliar o valor do serviço prestado pela organização de serviços aos clientes. Os consumidores que estão satisfeitos com a qualidade do serviço tornam-se clientes regulares da loja em particular.

A análise do ambiente de trabalho projecta os detalhes do trabalho do empregado e o ambiente interno da organização. Além disso, foi tido o cuidado de seleccionar o

Fig 3.2 Modelo alterado de HPT ISPI para o sector retalhista

elementos/variáveis para estudar a componente do empregado, ou seja, a satisfação no trabalho e a inteligência emocional do empregado. A satisfação profissional do empregado faz com que este se sinta feliz por poder enfrentar os desafios do trabalho. Também o faz estar satisfeito e concentra as suas capacidades para obter o máximo rendimento, desempenhando as funções com sucesso.

O estado mental do empregado e a sua capacidade de gerir os clientes são as personagens essenciais para fornecer o melhor serviço aos clientes visitantes. As emoções expressas pelo funcionário ao atender um cliente influenciam o cliente a aceitar ou não o serviço. Da mesma forma, o funcionário deve conhecer as expressões dos clientes para prestar o melhor serviço. A inteligência emocional, uma medida amplamente aceite das emoções e o seu controlo é essencial para os empregados do sector retalhista enfrentarem a pressão dos clientes, bem como da organização. Assim, estas duas medidas de satisfação profissional e inteligência emocional foram tomadas para estudar os empregados da organização. A descrição detalhada destas duas variáveis e a sua relação com factores como a qualidade do serviço de retalho e o desempenho organizacional são também discutidas no Capítulo II.

Além disso, a influência de factores culturais e regionais específicos influenciaria o funcionamento de qualquer organização na Índia, uma vez que o país é multi-linguístico e multicultural. O sector retalhista envolve muitas variáveis humanas, uma vez que o papel do ser humano era mais importante neste sector do que em sectores como o sector transformador. Os membros da organização precisam de satisfazer consistentemente os clientes para a sua sobrevivência.

Assim, o presente estudo tentou relacionar o desempenho organizacional com a inteligência emocional, satisfação no trabalho e qualidade do serviço de retalho.

3.3.1.2 Análise da Causa

A análise da causa é o processo de determinação da(s) causa(s) raiz(s) das falhas de desempenho passadas, presentes ou futuras. Segue-se, mas está integralmente relacionado com a análise do desempenho (Van Tiem *et al.,* 2004). A análise da causa é utilizada no presente estudo para identificar as razões para o desempenho actual. A fim de realizar a análise de causa, é desenvolvido um novo modelo denominado Modelo de Ambiente Organizacional para o presente estudo. Os detalhes dos componentes são apresentados na Fig. 3.3.

O intervalo entre o desempenho desejado e o desempenho real foi analisado através desta análise. O diagrama de causa e efeito ou diagrama de Fish Bone (Ishikawa (1986) foi utilizado para apresentar as causas responsáveis pelas lacunas de desempenho negativo. O diagrama apresenta as causas relacionadas com a gestão, tecnologia, empregados e clientes.

	Empregados	**Gestão**
Ambiente Interno	**Entradas**	**Políticas**
	• Presença de poder humano adequado • Qualificação básica do pessoal de vendas estritamente cumprida • Formação necessária em matéria de facturação , conhecimento dos produtos • Autoridade adequada como decidir ofertas, promoções de vendas dadas • Distribuição adequada do trabalho aos trabalhadores ao nível da loja • Comunicação das responsabilidades e dos benefícios recebidos • Remuneração adequada para o trabalho realizado • Liberdade de expressão de problemas e sugestões Trabalho Ambiente de trabalho propício e de fornecimento de refrescos	• O processo administrativo é assim tão longo? • Os produtos são entregues na loja com base nos requisitos? • Manutenção do ambiente da loja • Reparação e manutenção de máquinas • Fornecimento dos veículos necessários para a transmissão de mercadorias
Ambiente externo	**Concorrentes**	**Clientes**
	• Disponibilidade da gama de produtos • Política de preços • Ofertas e descontos • Política de empregados	• Publicidade de ofertas • Presença de todas as gamas de produtos • Presença de etiquetas de nomes legíveis de gamas de produtos • Expectativa sobre o conhecimento da utilização dos produtos • Entrega de mercadorias

Fig 3.3 Modelo Ambiental Organizacional para análise de causas

3.3.1.3 Selecção, concepção e desenvolvimento das intervenções

O modelo HPT da terceira fase, intervenções específicas para quatro lojas foram identificadas, concebidas e desenvolvidas.

3.3.2 Medição de Elementos

Os elementos/variáveis utilizados para o estudo foram a satisfação no trabalho, a inteligência emocional e a qualidade do serviço de retalho. No presente estudo, foram utilizados três instrumentos para medir as variáveis acima referidas. Estes instrumentos foram seleccionados após uma revisão detalhada dos vários instrumentos e também considerando a adequação do instrumento ao presente estudo (Fig. 3.4).

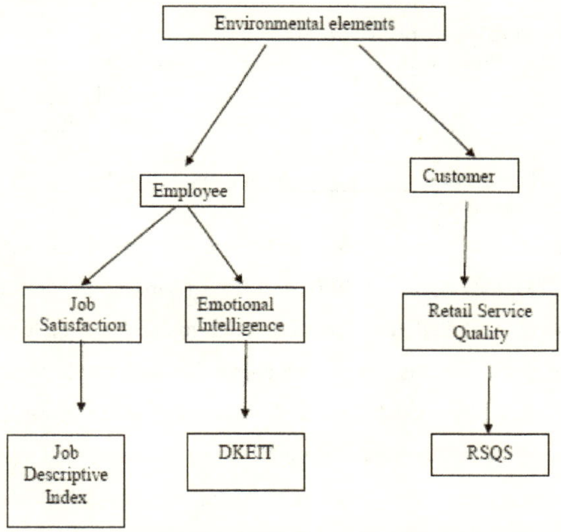

Fig 3.4 Instrumentos de medição utilizados no estudo

3.3.2.1 Satisfação no trabalho

A satisfação no trabalho é medida utilizando o Índice Descritivo de Trabalho (JDI). Este índice mede as cinco facetas da satisfação profissional, nomeadamente o próprio trabalho (trabalho no emprego actual), remuneração, promoção (oportunidades de promoção), co-trabalhador (pessoas no seu emprego actual), e supervisão. O instrumento JDI tem um total de 72 itens. O trabalho em si, colega de trabalho e supervisão tinha 18 itens cada. A remuneração e a promoção continham cada um nove itens. Além disso, uma escala global, nomeadamente trabalho em geral com dezoito itens, foi também incluída na escala do JDI. O presente estudo utilizou assim o JDI da Bowling State University com 90 itens.

Foi utilizado um padrão de pontuação simples durante a administração destes itens aos empregados. Foi pedido aos inquiridos que marcassem qualquer uma das três opções, nomeadamente Y (Sim), N (Não) e "?" (Nenhuma ideia). Com base nestas escolhas, foi atribuída uma pontuação de 3 aos itens positivos de Sim e aos itens negativos de Não. A pontuação máxima da escala JDI seria 54 (pontuação máxima multiplicada pelo número de itens). A pontuação de pagamento e promoção foram duplicadas para as igualar com as outras pontuações. O padrão de pontuação utilizado para medir o nível de satisfação profissional é apresentado no Quadro 3.2.O nível de satisfação profissional com base na pontuação foi apresentado no Quadro 3.3. A percentagem de empregados sob cada nível de satisfação no trabalho foi apresentada no capítulo V para uma melhor interpretação.

Quadro 3.2 Padrão de pontuação do JDI

Opções	Declarações positivas	Declarações negativas
Sim	3	0
Não	0	3
?	1	1

Tabela 3.3 Nível de Satisfação no Trabalho

Pontuação	Nível de Satisfação
0 a 13.50	Altamente insatisfeito
14 a 26.00	Moderadamente insatisfeito
27 a 40,50	Moderadamente satisfeito
41 a 54.00	Altamente satisfeito

3.3.2.2 Inteligência Emocional

Existem muitos instrumentos para medir a Inteligência Emocional (EI). Duas medidas publicadas, a MSCEIT (Mayer *et al.*, 2002) e a EQ-I (Bar-On, 1997), são comercializadas para avaliar a EI. O MSCEIT foi concebido para medir a forma como os indivíduos desempenham tarefas relacionadas com as emoções e é composto por quatro escalas: Gestão Emocional, Compreensão Emocional, Facilitação Emocional, e Percepção Emocional. O EQ-I é, contudo, um inventário de auto-relato que consiste em 133 itens que avaliam 15 subscales que são classificados sob cinco factores principais nomeadamente Funcionamento Intrapessoal (auto-consciencialização emocional, assertividade, auto-estima, auto-actualização, e independência), Competências Interpessoais (empatia, relações interpessoais, e responsabilidade social), Adaptabilidade (resolução de problemas, teste de realidade, e flexibilidade), Humor Geral (felicidade e optimismo), e Gestão do Stress (tolerância ao stress e controlo do impulso)

Os esforços de investigação de vários estudiosos como Heider, (1991), Lutz, (1988), e Potter (1988) sugeriram que os contextos culturais e heranças influenciam as respostas emocionais dos indivíduos. A interpretação e avaliação das emoções está intimamente relacionada com quaisquer perspectivas culturais (Wouters, 1989; Mesquite & Frijda, 1992). A fim de introduzir os contextos culturais nas estimativas, os instrumentos disponíveis no contexto indiano, Deepa Krishnaveni Emotional Intelligence Test (DKEIT) desenvolvido por Ranganath *et.al* (2011) é utilizado no presente estudo

DKEIT consiste nos seguintes três constituintes

1. A percepção emocional é a capacidade de um indivíduo de interpretar os vários estímulos emocionais desencadeados pelas entidades do seu ambiente e organizá-los para processamento posterior. A escala de percepção avaliou a capacidade dos empregados de identificar emoções representadas em várias entidades como rostos, cores, música, imagens, narrações e gestos. Quatro itens são utilizados para medir a percepção.

2. A avaliação emocional é a capacidade de um indivíduo compreender a informação emocional fornecida pelo processo de percepção e avaliá-la cognitivamente, com respeito ao seu ambiente, de modo a decidir as respostas adequadas aos estímulos. Quatro itens são utilizados para medir a avaliação.

3. A regulação emocional é a capacidade de um indivíduo regular a resposta alimentada pelo mecanismo de avaliação de acordo com a pessoa/objecto/situação, a fim de obter resultados positivos. Dez itens são utilizados para medir a regulação emocional.

As subescalas de avaliação e regulação utilizaram Testes de Julgamento Situacional (TJTs) para medir as competências de avaliação e regulação dos inquiridos.

O respondente tinha de escolher as respostas que eram as melhores de acordo com o seu julgamento. Os SJT podem medir muitas construções diferentes como a capacidade cognitiva, personalidade, idade, e duração da experiência profissional. Devido a isto, os SJTs são utilizados como método de medição e são preditores bem sucedidos do desempenho profissional futuro (McDaniel, *et al.*, 2001). O instrumento DKEIT utilizado foi validado e purificado e tinha um valor alfa de Cronbach de 0,8. Finalmente, o instrumento consistia em dezoito itens. A soma de todas as pontuações produz a pontuação Emotional intelligence. As pontuações adoptadas para identificar o nível de inteligência emocional são apresentadas no Quadro 3.4. A percentagem dos funcionários sob cada nível de inteligência emocional foi apresentada no capítulo V para melhor interpretação.

Quadro 3.4 Nível de Inteligência Emocional

Pontuação	**Nível EI**
26-59	Baixo
60-66	Médio
67-78	Média Alta
79-88	Alto
89-100	Muito Alta

3.3.2.3 Qualidade do serviço de retalho

Os clientes são os intervenientes mais importantes no sector retalhista. Os clientes satisfeitos visitarão repetidamente a loja e servirão de peça publicitária na boca da loja. A qualidade do serviço é vista como uma ferramenta para aumentar o valor para o consumidor e como um meio de posicionamento num ambiente competitivo (Mehta, *et al.*, 2000), para assegurar a satisfação do consumidor (Sivadas *e* Baker-Prewitt., 2000), e também retenção, e patrocínio

(Yavas *et al.*, 1997). O parâmetro de qualidade de serviço foi medido utilizando SERVQUAL desenvolvido por Parasuraman, *et al.* (1988). Vários estudos utilizaram subsequentemente a SERVQUAL para medir a qualidade do serviço e para avaliar a validade e fiabilidade da escala numa vasta gama de indústrias e contextos culturais (Carman, 1990; Finn & Lamb 1991; Gagliano & Hathcote., 1994; Blanchard & Galloway.,1994; Mittal & Lassar., 1996; Zhaobai & Hui., 2002; Witkowski & Wolfinbarger., 2002; Amy & Sohal., 2003).

A qualidade de serviço na venda a retalho era, contudo, diferente de qualquer outro ambiente de produto/serviço (Finn & Lamb., 1991; Gagliano & Hathcote 1994). Assim, Dabholkar *et al.* (1996) criaram uma nova escala chamada Retail Service Quality (RSQ) exclusivamente para as empresas retalhistas com cinco dimensões e seis sub-dimensões. A escala desenvolvida pela Dabholker é apresentada na Tabela 3.5.

Tabela 3.5 Dimensões da Escala de Qualidade dos Serviços de Retalho

S.No	Dimensões	Sub-dimensões	Número de artigos
1	Aspectos físicos	Aparência	4
		Conveniência	2
2	Fiabilidade	Promessas	2
		Fazendo-o bem	3
3	Interacção pessoal	Inspirando confiança	3
		Cortesia	6
4	Resolução de problemas	Nulo	3
5	Política	Nulo	5
6	Total		28

Esta medida foi uma combinação da escala de 28 itens composta por 17 itens de Parasuraman *et al.* e 11 itens de revisão e a pesquisa qualitativa de Dabholkar *et al.* Assim, a Escala de Qualidade de Serviços de Retalho (RSQS) é uma medida de qualidade de serviço baseada no desempenho mas específica para o contexto do retalho (Kaul, 2007).

A dimensão física abrangeu a aparência das instalações físicas e a conveniência oferecida ao cliente pela disposição das instalações físicas. A literatura sobre as lojas de retalho sugeria que a aparência da loja era importante para os clientes de retalho (Baker *et al.*, 1994). Também sugeriu que os clientes valorizavam a conveniência das compras que os aspectos físicos como a disposição da loja oferecem (Gutman & Alden 1985; Hummel & Savitt 1988; Mazursky & Jacoby 1985; Oliver, 1981).

A segunda dimensão, ou seja, a fiabilidade, continha duas sub-dimensões, a saber, promessas e fazer as coisas bem feitas. A terceira dimensão de interacção pessoal referia-se à forma como o pessoal de serviço se comportava com os clientes e continha duas sub-dimensões, a saber, inspirar confiança e cortesia.

A quarta dimensão, isto é, a resolução de problemas, explicou como o pessoal de serviço lidou com os problemas levantados e a forma como aceitam devoluções e intercâmbios. A última dimensão, isto é, a política centrada na política da loja do ponto de venda a retalho. Assim, o instrumento RSQS é amplamente aplicado em diferentes tipos de lojas como supermercados, lojas de departamento e hipermercados em diferentes países (Kaul 2007).

O presente estudo é uma aplicação da escala RSQ (modificada) com base nos resultados do estudo piloto realizado utilizando a escala RSQ original. Uma vez que as dimensões como fiabilidade e política não foram distinguidas pelos consumidores indianos (Kaul, 2007), a dimensão de fiabilidade da escala original não foi incluída durante a realização do estudo piloto. Foi incluída uma nova dimensão, nomeadamente serviço relacionado com o produto, uma vez que os produtos de uma loja eram em si mesmos um serviço. Assim, a escala utilizada no estudo tinha seis dimensões tais como aspectos físicos, (como na escala original) inspirando confiança, cortesia (sub-dimensões na escala original), resolução de problemas, política (como na escala original) e serviços relacionados com produtos.

A nova escala após as modificações acima referidas foi validada através da realização de uma Análise Fatorial Exploratória (EFA) com as amostras do estudo piloto e posteriormente a Análise Fatorial Confirmatória (CFA) com as amostras reais. Além disso, foi utilizada a Modelação de Equações Estruturais para a Análise Fatorial Confirmativa e finalmente o modelo teórico desenvolvido foi testado e validado.

3.3.2.3.1 Análise dos Factores Exploratórios (AAE)

A análise de factores é caracterizada como "um dos métodos mais poderosos até agora para reduzir a complexidade variável a uma maior simplicidade" (Kerlinger, 1979) e como "a rainha mais distante do desenvolvimento lógico e reinante dos métodos correlacionais" (Cattell, 1978).

A análise factorial é de dois tipos, a Exploratory Factor Analysis (EFA) e a Confirmatory Factor Analysis (CFA). A AAE é utilizada para recolher uma ideia preliminar sobre os factores subjacentes a uma construção. Segue-se a CFA para recolher conhecimentos adicionais sobre os factores subjacentes. A AAE tenta identificar as ligações entre as variáveis individuais e agrupá-las em variáveis latentes. A decisão chave tomada da AAE é determinar o número de factores e variáveis sob cada factor.

Existem diferentes métodos de extracção de factores. O método de extracção EFA mais frequentemente utilizado é a Análise de Componentes Principais (Russell, 2002). Os factores são rotacionados e os resultados são obtidos. A rotação dos factores envolveu a deslocação dos eixos dos factores que medem a localização das variáveis medidas no espaço dos factores, de modo a que a natureza das construções subjacentes se torne mais óbvia para o investigador (Thompson, 2004).

Para o presente estudo, foi utilizada a versão 17 do SPSS para fazer a análise dos factores. Os componentes foram extraídos utilizando a Análise Principal de Componentes. Foi seleccionada uma rotação varimax sob Normalização Kaizer para a rotação das variáveis. O resultado da análise de factores produziu uma matriz de cargas de factores para classificar as variáveis em factores. Stevens (1992), contudo, recomendou interpretar apenas as cargas de factores com um valor absoluto superior a 0,4 (o que explica cerca de 16 por cento da variância).

A análise dos factores neste estudo produziu assim sete componentes (Apêndice 3). O item RSQ 8 teve, contudo, cargas de factores de 0,41, 0,35, 0,38 e 0,31 em quatro componentes, respectivamente. Por conseguinte, o item RSQ 8 foi abandonado após a realização da AAE. Este resultado da análise de factores foi interpretado após a realização de um teste de fiabilidade utilizando o Cronbach alfa. Foi feito um teste de fiabilidade utilizando o SPSS 17 e o valor Cronbach foi identificado. O valor Cronbach para o conjunto de factores acima foi de 0,700. O valor Cronbach foi re-estimado depois de alguns componentes do factor terem sido eliminados. O resultado (Apêndice 4) mostrou que quando o item RSQ 15 foi eliminado, o valor Cronbach foi melhorado para 0,714 (uma norma aceitável), uma vez que este valor era superior a 0,700. Por conseguinte, o item RSQ 15 também foi eliminado da escala. O conjunto final de variáveis e os seus respectivos grupos (dimensões) e cargas de factores após a eliminação da RSQ 8 e RSQ 15 são apresentados no Quadro 3.6.

O RSQ foi assim aperfeiçoado através da realização de uma Análise Exploratória de Factores e depois validado através de uma Modelação da Equação Estrutural. A Escala de Qualidade do Serviço de Retalho com seis dimensões e o número de itens em cada dimensão são mostrados na Tabela 3.7. Este é o conjunto final da escala de qualidade do serviço a retalho com 18 itens. Esta escala final com estas seis dimensões foi aplicada ao estudo real

A fiabilidade é o teste de consistência de um conjunto de medições ou de um instrumento de medição em si. A fiabilidade é geralmente estimada através de uma variedade de métodos que podem ser colocados sob duas categorias principais, nomeadamente administração única e administração múltipla. O método de administração única inclui a consistência interna e a consistência dividida. O método de administração dividida trata as duas metades de uma medida como formas alternativas. Esta estimativa de "metade da fiabilidade" é então aumentada até à duração total do teste utilizando a fórmula de previsão Spearman-Brown. A medida de consistência interna mais comum é o alfa de Cronbach, que é geralmente interpretado como a média de todos os coeficientes possíveis de meio dividido. O presente estudo também utilizou o método alfa Cronbach para testar a fiabilidade dos instrumentos de medição.

Tabela 3.6 Dimensões da Escala de Qualidade do Serviço de Retalho Modificado

Artigos	Cargas de Factores	Dimensões
RSQ1	0.743	Aspecto físico
RSQ2	0.755	
RSQ3	0.814	
RSQ4	0.530	Inspirando confiança
RSQ5	0.789	
RSQ7	0.721	
RSQ9	0.665	
RSQ6	0.797	Cortesia
RSQ10	0.733	
RSQ11	0.562	Resolução de problemas
RSQ12	0.805	
RSQ13	0.699	
RSQ14	0.831	
RSQ16	0.823	Política
RSQ17	0.546	
RSQ18	0.992	Serviços relacionados com o produto
RSQ19	0.993	
RSQ 20	0.990	

Tabela 3.7 Número de artigos na Escala de Qualidade do Serviço de Retalho Modificado

S.No	Dimensões da qualidade final do serviço de retalho	Número de artigos
1	Aspecto físico	3
2	Inspirando confiança	4
3	Cortesia	2
4	Resolução de problemas	4
5	Política	2
6	Serviços relacionados com o produto	3
7	**Total**	**18**

3.4 . Ferramentas analíticas

3.4.1 Modelação de Equações Estruturais

A Modelação de Equações Estruturais (SEM) tornou-se uma metodologia estatística popular para a modelação de investigação não experimental, onde os métodos para testar teorias não estavam bem desenvolvidos. O termo Modelação de Equações Estruturais transmite dois aspectos importantes do procedimento: (a) que os processos causais sob o estudo poderiam ser representados por uma série de equações estruturais, e (b) que estas relações estruturais podem ser modeladas pictóricamente (diagramas de percurso) para permitir uma conceptualização mais clara da teoria em estudo.

Existem dois tipos de modelos SEM: modelo de medição e modelo de variável totalmente latente. Um modelo de medição apresenta a relação entre as variáveis observadas e a variável latente. Um instrumento que mede uma construção, por exemplo a inteligência emocional, é um exemplo do modelo de medição. O modelo de análise dos factores de confirmação, centrado unicamente na ligação entre os factores e as suas variáveis medidas, no quadro da

SEM, é denominado modelo de medição. A Análise Confirmativa de Factores é assim um componente muito importante dentro de uma classe mais ampla de métodos denominada modelação de equações estruturais (SEM) (Thompson 2004). Quando um instrumento para medir uma construção é desenvolvido, inicialmente, deve ser feito um EFA para agrupar as variáveis e depois segue-se uma Análise Confirmativa de Factores (CFA), quando o número de factores é conhecido.

A variável observada é medida directamente e as construções teóricas que não podem ser observadas directamente são chamadas de variável latente. No caso de variáveis latentes, existem dois tipos: exógenas e endógenas. As variáveis exógenas são independentes e influenciam os valores de outras variáveis latentes. As endógenas são variáveis dependentes e são influenciadas pelas variáveis exógenas.

O modelo da variável latente completa (LV) permite estudar o impacto de uma construção latente sobre outra. Este modelo é denominado completo (ou completo) porque compreendia tanto um modelo de medição como um modelo estrutural: A construção pode ser representada no modelo teórico como formativa ou reflexiva.

3.4.1.1 Construções formativas e reflexivas

As pontuações observáveis e quantificáveis obtidas através de auto-relatório, entrevista, observação, ou outros meios empíricos são chamadas medidas, ou indicadores ou itens, (variável observada) (Edwards & Bagozzi., 2000). Quando as medidas são utilizadas para examinar uma construção subjacente que não é observável (ou seja, uma variável latente), as medidas podem ser referidas como indicadores reflexivos ou indicadores de efeito (Edwards & Bagozzi., 2000). A construção não observável, que consiste nos indicadores reflexivos e no termo de erro para cada indicador, é chamada de construção reflexiva. Os indicadores que determinam uma construção são chamados de indicadores causais ou formativos. As construções que compreendem estes indicadores causais juntamente com um termo de perturbação são chamadas construções formativas ou variáveis compostas (MacCallum & Browne, 1993).

Os modelos estruturais compostos por todas as construções reflexivas são modelos reflexivos; contudo, se pelo menos uma construção dentro do modelo for formativa, o modelo é considerado um modelo formativo (Petter *et al.*, 2007).

O presente estudo conceptualizou a Qualidade do Serviço de Retalho como uma construção formativa. Diamantopolous e Winklhofer (2001) reflectiram as palavras de Bollen, (1989) afirmando que a escolha da especificação formativa versus reflexiva dependia de uma prioridade casual. No caso da qualidade do serviço de retalho, as seis dimensões causaram a qualidade do serviço e não o contrário.

A representação matemática da construção formativa foi dada abaixo, como declarado por Diamantopolous e Winklhofer. (2001)

$$Y = \gamma_1 X_1 + \gamma_2 X_2 + \ldots\ldots\ldots\ldots\ldots\ldots + \gamma_n X_n + \varsigma$$

onde *X* = todos os termos *X* são os indicadores

Y= a construção formativa

Y = todos os termos Y são os pesos para os respectivos indicadores, e g= o termo de erro comum.

Do mesmo modo, a qualidade do serviço de retalho era uma combinação das suas seis dimensões. Assim, qualquer aumento nas seis dimensões resultaria num aumento da qualidade do serviço de retalho. O argumento de que a qualidade do serviço de retalho como construção formativa foi reforçado ao testar o modelo teórico de fixação da qualidade do serviço de retalho como construção formativa de segunda ordem utilizando AMOS 20. Os resultados são discutidos no Capítulo V.

Com base em conhecimentos teóricos e na revisão de trabalhos passados, são desenvolvidos dois modelos neste estudo. Estes modelos retratam a relação entre as variáveis latentes e observadas (modelo de medição), e entre as variáveis latentes (modelo de variável latente completa). A amostra de dados recolhidos, abrangendo todas as variáveis, foi aplicada a estes modelos. Finalmente, os modelos desenvolvidos foram testados quanto à sua aptidão utilizando Modelação da Equação Estrutural e o diagrama de percurso explicou a relação.

3.4.1.2 Software utilizado

Vários programas de computador como Lisrel, AMOS, M-Plus foram utilizados para analisar os modelos de equações estruturais. O presente estudo utilizou AMOS (Analysis of Moment Structures Version 20) para testar o SEM. O programa AMOS tinha gráficos AMOS que ajudaram a desenhar o diagrama do caminho. Uma vez que o presente estudo consistiu em duas amostras diferentes (clientes e empregados), a análise de grupos múltiplos do programa AMOS é utilizada para avaliar o modelo.

O presente estudo utilizou assim tanto o modelo de medição como o modelo de variável totalmente latente para análise. O modelo que representa a Qualidade do Serviço de Retalho é um modelo de medição. O modelo que declara a relação entre o desempenho organizacional, a inteligência emocional, a qualidade do serviço de retalho e a satisfação no trabalho é um modelo de variável totalmente latente.

3.4.1.3 Índices de bondade de ajuste

Estima-se que a bondade dos índices de aptidão física é para testar a aptidão física do modelo desenvolvido. O índice CMIN representa a discrepância entre a matriz de covariância S da amostra sem restrições, e a matriz de covariância S(0) restrita, e, em essência, isto representa a estatística do Teste de Razão de Probabilidade, mais comummente expressa como uma estatística %2. No entanto, as limitações do teste de qui-quadrado são abordadas pelos novos índices como o Índice de Ajuste Normalizado (NFI), Índice de Ajuste Comparativo (CFI) e o Erro de Aproximação do Quadrado Médio de Raiz (RMSEA).

O Índice de Ajuste Normalizado (NFI) foi desenvolvido por Bentler e Bonett. (1980) e foi posteriormente descoberto que não mostrava a aptidão física quando eram utilizadas pequenas amostras. Assim, Bentler e Bonett (1990) modificaram o NFI para considerar o tamanho da amostra, utilizando o Índice de Aptidão Comparativa (CFI). Os valores tanto para o NFI como para o CFI poderiam variar de zero a 1,00. Um valor de 0,95 ou mais indica a aptidão do modelo.

Root Mean Square Error of Approximation (RMSEA) desenvolvido por Steiger e Lind (1980) é considerado recentemente na modelação da estrutura da covariância. RMSEA levou em conta o erro de aproximação na população e fez a pergunta "Até que ponto o modelo, com valores de parâmetros desconhecidos mas escolhidos de forma óptima, se adequaria à matriz de covariância da população, se estivesse disponível"? RMSEA valor inferior a 0,05 indica um bom ajuste, e valores tão elevados como 0,08 representam erros razoáveis de aproximação na população (Browne & Cudeck 1993). MacCallum *et al.* (1996) tinham elaborado que valores RMSEA entre 0,08 e 0,10 indicam uma adaptação medíocre, e valores superiores a 0,10 indicam uma má adaptação.

MacCallum *et al.* (2000) tinham recomendado fortemente o uso rotineiro da RMSEA por pelo menos três razões: (a) pareceria ser adequadamente sensível à má especificação do modelo (Hu & Bentler 1998), (b) orientações interpretativas comummente utilizadas pareceriam produzir conclusões apropriadas em relação à qualidade do modelo (Hu & Bentler 1998; 1999), e (c) era possível construir intervalos de confiança em torno dos valores da RMSEA.

3.4.1.4 Abordagens à SEM

Há várias abordagens para pesar itens individuais da balança durante a construção do diagrama de percurso para SEM. Estas abordagens incluem agregação total, desagregação total, desagregação parcial, e agregação parcial (Bagozzi & Heatherton 1994). Todos os itens são somados num único indicador ou variável latente sob a abordagem de agregação total. Aos itens é arbitrariamente dado o mesmo peso que tradicionalmente é dado na investigação nãoSEM. Um dos principais inconvenientes da abordagem de agregação total para CFA é que a informação se perde e a distinção dos componentes é obscurecida (Hoe, 2008). Sob a abordagem de desagregação total, cada item individual é tomado separadamente como um indicador individual. A maior desvantagem da abordagem de desagregação total é que é muito sensível a erros de medição, o que torna mais difícil a obtenção de encaixes satisfatórios no modelo.

A abordagem de agregação parcial mantém a ideia de um único factor subjacente onde as dimensões da construção são organizadas hierarquicamente como indicadores do factor. O principal inconveniente é que a dimensão única da construção pode ser obscurecida. Para ultrapassar tais limitações, Bagozzi e Heatherton (1994) recomendaram que fosse utilizada uma abordagem de desagregação parcial.

A desagregação parcial é uma aplicação SEM prática que permite a utilização de um grande número de indicadores para representar uma variável latente (Garver & Mentzer 1999). É uma análise de nível intermediário entre a agregação total e a abordagem de desagregação total. A abordagem de desagregação parcial ajuda a reduzir o número de itens a estimar e a capitalizar sobre o aumento da fiabilidade. Os itens para cada uma das variáveis latentes são agrupados aleatoriamente em duas componentes cada uma com base na sequência ímpar e uniforme e na entrada de dados brutos no modelo de medição.

Daí que o presente estudo tenha seguido a abordagem de desagregação parcial para o desenvolvimento do diagrama do caminho para a Modelação da Equação Estrutural.

3.4.2 Técnica de classificação de Garrett

A concorrência é um dos principais factores no ambiente empresarial que influencia o desempenho da loja de retalho. Os concorrentes são avaliados com base na classificação dada pelo cliente. As classificações são analisadas utilizando o método de classificação Garett (Garett &Woodworth 1969). Os clientes são convidados a classificar as lojas competitivas com base em atributos como preço acessível, ofertas promocionais, qualidade do produto de serviço ao cliente. As lojas competitivas consideradas são Reliance Fresh, Spencer, Big Bazaar, Nilgiris Department store, Kannan Department store e outras. Os rankings dados pelos clientes foram traduzidos em percentagem através da seguinte fórmula.

$$\text{Posição percentual} = \frac{100(R_{ij} - 0.5)}{N_j}$$

Onde,

R_{ij} = Rank dado para i^{th} atributo por j^{th} individual

N_j = Número de atributos ordenados por j^{th} individual

A posição percentual de cada classificação obtida é convertida em pontuação consultando a tabela de Garrett (Apêndice 5). A pontuação média para cada atributo é estimada. Estas pontuações médias para todos os factores são organizadas em ordem decrescente e o atributo com a pontuação média mais alta recebe a primeira classificação.

CAPÍTULO IV

DESCRIÇÃO DA ÁREA DE ESTUDO

Os detalhes sobre o local onde a investigação foi conduzida são essenciais para formular um plano de investigação. Este capítulo discute em pormenor a descrição sobre a área de estudo. Este estudo de investigação foi realizado na cidade de Coimbatore, a região predominante de Kongu, no sul do Tamil Nadu. É popularmente chamada como Manchester do Sul da Índia. A região de Coimbatore tinha sido governada pelos Cheras, os Cholas, os últimos Pandyas, o Império Vijayanagar e os Madurai Nayaks e acredita-se que tenha recebido o nome de um cacique chamado *Koyan.* No século 17th , a região tornou-se parte do Reino de Mysore e assim permaneceu até ser invadida pela Companhia Britânica das Índias Orientais em 1799. A região tinha testemunhado um crescimento constante alimentado pelo seu solo, clima e condições políticas e económicas favoráveis.

4.1 Localização

O distrito de Coimbatore está situado na parte ocidental de Tamil Nadu, fazendo fronteira com o estado de Kerala. O lado oriental do distrito de Coimbatore, incluindo a cidade, era predominantemente seco. Toda a parte ocidental e norte do distrito faz fronteira com a reserva da biosfera de Nilgiris, bem como com a cordilheira de Anaimalai e Munnar. Um desfiladeiro ocidental para Kerala, popularmente referido como Palghat Gap, constitui a sua fronteira. O distrito é rico em fauna devido à sua proximidade com os Ghats ocidentais. A localização do distrito no estado é mostrada na Fig. 4.1

A cidade de Coimbatore é a Sede do Distrito. A cidade está situada a uma altitude de cerca de 411 metros. A cidade de Coimbatore é administrada pela Corporação Municipal de Coimbatore, que compreende 100 alas agrupadas em cinco zonas. Estava bem ligada por estrada, caminho-de-ferro e ar às principais vilas e cidades da Índia.

O rio Noyyal correu através da cidade de Coimbatore e formou a fronteira sul da Corporação. A cidade está situada no meio da bacia hidrográfica de Noyyal e tem um extenso sistema de tanques alimentados pelo rio e pela água da chuva. Os oito principais tanques / zonas húmidas de Coimbatore são - tanques Singanallur, Valankulam, Ukkadam Periyakulam, Selvampathy, Narasampathi, Krishnampathi, Selvachinthamani, e Kumaraswami. Sanganur pallam, Kovilmedu pallam, Vilankurichi-Singanallur Pallam, Karperayan Koil pallam, Ralo de alimentação de estradas de ferro, Tiruchy-Singanallur Check drain e Ganapathy pallam são alguns dos rios que drenam a cidade.

Coimbatore é um importante centro têxtil e de produção de Tamil Nadu. Outras indústrias importantes incluíam serviços de software, educação e cuidados de saúde. Coimbatore foi classificada em 4th entre as cidades indianas em clima de investimento por um inquérito feito pela Confederação da Indústria Indiana (CII). e classificada como primeira no índice de confiança dos consumidores.

4.2 Clima

Coimbatore tem um clima agradável e salubre devido à sua proximidade com cadeias de montanhas densamente florestadas e à brisa fresca que sopra através da fenda de Palghat, o que torna as temperaturas consistentemente quentes mais agradáveis. A cidade tem um clima tropical húmido e seco, sendo a estação das chuvas de Outubro a Dezembro devido à monção de nordeste sob a classificação climática de Koppen. As temperaturas médias máximas e mínimas variam entre 35 °C (95°F) e 18 °C (64 F). A temperatura mais elevada jamais registada foi de 41 °C (106 F) e a mais baixa foi de 12 °C (54 F). Devido à presença do desfiladeiro da montanha, partes mais elevadas do distrito beneficiaram da Monção do Sudoeste nos meses de Junho a Agosto. Depois de um Setembro quente e húmido, a monção principal começa a partir de Outubro e prolonga-se até ao início de Novembro. Estas monções foram provocadas pela monção em retiro.

A precipitação média anual foi de cerca de 700 mm, tendo as monções do Nordeste e do Sudoeste contribuído para 47 por cento e 28 por cento, respectivamente, para a precipitação total. Esta precipitação não é suficiente para sustentar as necessidades da cidade durante todo o ano e a escassez é satisfeita através de esquemas de abastecimento de água como Siruvani, Pilloor e Athikadavu. O solo é predominantemente preto, o que é adequado para o cultivo do algodão, e em alguns bolsos também se encontra solo argiloso vermelho. O Coimbatore está abrangido pela Zona Sísmica de Classe III/IV, tendo sofrido um sismo de 6,0 Richter em 1900.

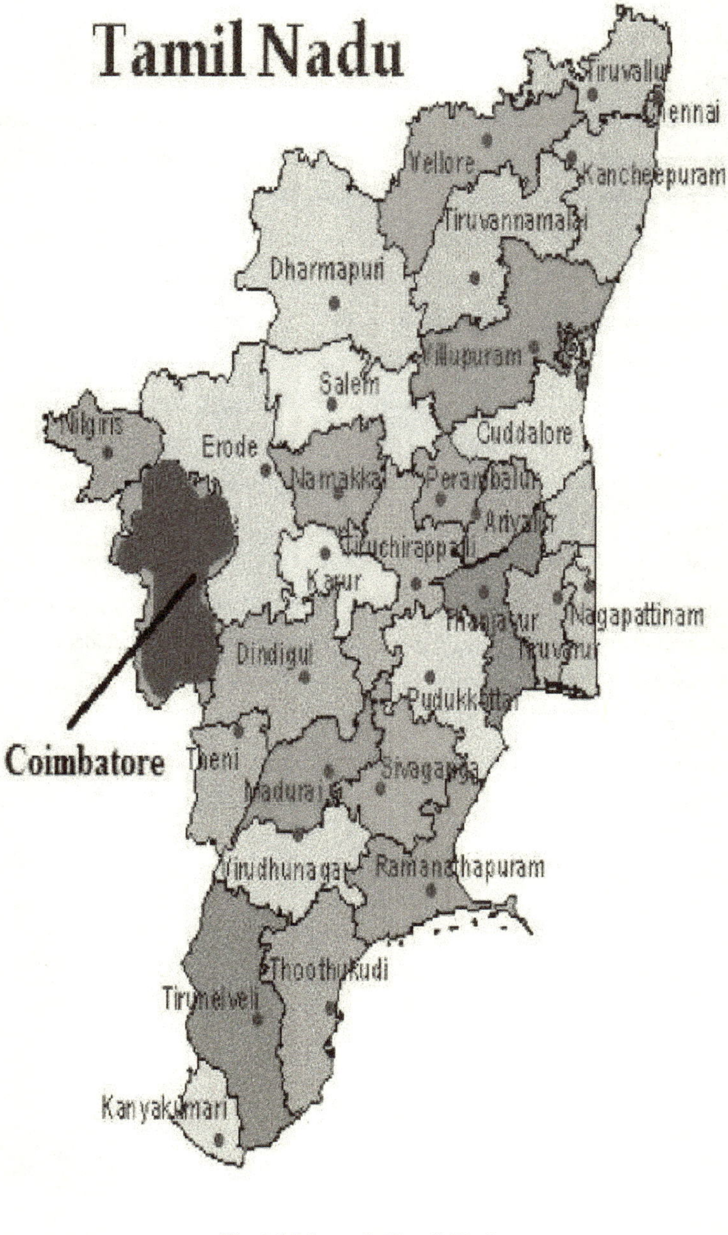

Fig 4.1 Mapa de Tamil Nadu

4.3 Economia

Coimbatore acomoda mais de 25.000 pequenas, médias e grandes indústrias, tendo a engenharia e os têxteis como indústrias primárias. Coimbatore é chamada "Manchester do Sul da Índia" devido à sua extensa indústria têxtil, alimentada pelos campos de algodão circundantes. O distrito alberga também a maior quantidade de meias e indústrias avícolas do país. A cidade tem duas zonas económicas especiais (ZEE), a Infra-estrutura Coimbatore Hi-Tech (CHIL) ZEE e o parque Coimbatore TIDEL e pelo menos mais cinco ZEEs estão a ser preparadas. A partir de 2005, quando Tirupur fazia parte do distrito de Coimbatore, Coimbatore era o distrito com maiores rendimentos em Tamil Nadu. Em 2010, Coimbatore classificou-se em 15th na lista das cidades indianas mais competitivas (por ambiente empresarial).

Coimbatore viveu um boom têxtil nas décadas de 1920 e 1930. Uma pequena cidade insignificante foi propensa a secas e terramotos até aos primeiros anos do século 20th . Foi durante esse período que Coimbatore emergiu como um centro industrial proeminente, embora Robert Stanes tivesse estabelecido as primeiras fábricas têxteis da Coimbatore durante o século 19th . A Fundição Dhandayayuthapani de Narayanaswamy Naidu, a Textool de D. Balasundaram Naidu, a Lakshmi Machine Works, as Kalleeswara Mills e as Somasundra Mills foram algumas das importantes unidades têxteis e de máquinas que surgiram durante o início dos anos 1900.

A Coimbatore tem associações comerciais como CODISSIA, COINDIA, SITRA e COJEWEL representando as indústrias da cidade. Coimbatore tem um terreno para feiras comerciais com 15.000 m^2 , construído em 1999. Foi nomeado COINTEC devido ao seu acolhimento da INTEC (Exposição de Pequenas Indústrias). O complexo da Feira, um dos maiores do país, foi construído em seis meses, e era propriedade da CODISSIA (Associação das Pequenas Indústrias do Distrito de Coimbatore). É também o maior salão sem pilares do país, de acordo com o Livro de Recordes de Limca.

Coimbatore aloja um grande número de pequenos e médios moinhos têxteis. Tem também Institutos Centrais de Investigação Têxtil como o Instituto Central de Investigação do Algodão (CICR) - Estação Regional do Sul e a Escola Internacional de Têxteis e Gestão Sardar Vallabhai Patel. A Associação de Investigação Têxtil do Sul da Índia (SITRA) está também sediada em Coimbatore. A cidade acolhe também dois dos Centros de Excelência (COE) para os têxteis técnicos propostos pelo Governo da Índia, nomeadamente Meditech, um centro de investigação médica têxtil baseado no SITRA, e InduTech baseado no PSG College of Engineering and Technology. A cidade vizinha Tirupur é a maior empresa de confecção de vestuário da Ásia, exportando meias de vestuário no valor de mais de ^50,000 milhões.

A cidade é a segunda maior produtora de software em Tamil Nadu, ao lado apenas de Chennai. A indústria TI e BPO na cidade cresceu muito com o lançamento do parque TIDEL e de outros parques TI planeados na cidade e arredores. Encontra-se classificado em 17th entre as cidades globais de outsourcing. Empresas como a Tata Consultancy Services, Cognizant Technology Solutions, IBM, Robert Bosch GmbH, Tata Elxsi, Dell, Aditi Technologies, CSS Corp e KGISL têm uma presença na cidade. Coimbatore já se tornou o segundo maior centro na Índia para a Cognizant Technology Solutions, uma vez que emprega cerca de 5000 pessoas no seu centro Coimbatore e planeia duplicar a sua capacidade aqui. As exportações de software ascenderam a 7710,66 crores (7,1 mil milhões) para o ano financeiro de 2009-10 até 90 por cento em relação ao ano anterior.

A Coimbatore tem um sector de produção grande e diversificado, facilitado pela presença de institutos de investigação como a Universidade Agrícola Tamil Nadu, SITRA e um grande número de escolas de engenharia que produzem cerca de 50.000 engenheiros. Algumas das indústrias de destaque na Coimbatore incluem L&T, BOSCH, PSG, grupo Sakthi, Lakshmi Machine Works (LMW), Premier Instruments & Control Limited (PRICOL), Premier Evolvics, Janatics, LGB, Revathi Equipment Ltd, ELGI Equipments, Craftsman Automation Pvt Ltd, Shanthi Gears, Roots Industries. Wind Energy major Suzlon tinha montado uma fundição e uma oficina de máquinas em Coimbatore. Juntamente com ela Hansen Transmission, uma empresa belga que fabrica caixas de engrenagens para moinhos de vento está a instalar aqui uma fábrica com um investimento de 7940 crores.

O fabrico de componentes automóveis é também importante para a economia da Coimbatore. A Maruti Udyog e a Tata Motors fornecem até 30 por cento dos seus componentes automóveis à Coimbatore. Alguns dos fabricantes de componentes automotivos da Coimbatore incluem Robert Bosch GmbH, PRICOL e Roots Industries. A Coimbatore tem mais de 700 fabricantes de moinhos húmidos com uma produção mensal de 75.000 unidades e possui uma instalação comum para os fabricantes de moinhos húmidos. A indústria de fabrico de motores e bombas Coimbatore fornece mais de 40 por cento das necessidades da Índia.

Coimbatore é também um dos principais centros de fabrico de jóias de ouro na Índia, conhecido por fabricar jóias de fundição e jóias feitas à máquina. A cidade alberga cerca de 3000 empresas fabricantes de jóias e mais de 40.000 ourivesarias. Os fabricantes de jóias têm uma associação activa chamada Coimbatore Jewellery Manufacturers' Association, e também estabeleceram conjuntamente a Coimbatore Gem e a Jewellery Industries Private Limited (Cojewel), que é uma instalação comum com maquinaria de ourivesaria de nicho para ser utilizada pelos membros da associação. Várias cadeias de joalharia como a Kirtilal's estão sediadas em Coimbatore ou têm a sua base de fabrico em Coimbatore. Devido à presença de um grande número de fabricantes de jóias e à forte base de engenharia, a cidade é o lar de várias empresas que fabricam maquinaria para a ourivesaria. A cidade é também um importante centro de corte de diamantes no Sul da Índia. Por exemplo, só os joalheiros de Kirtilal têm 5 centros de corte e polimento de diamantes em Coimbatore.

Coimbatore tem alguns dos moinhos de farinha mais antigos da Índia. Os moinhos de farinha de grande escala, que servem todos os estados do sul, têm uma capacidade de moagem combinada de mais de 50.000 MT por mês. A cidade alberga muitos moinhos de farinha famosos de alta capacidade como os moinhos de farinha de rolos da Índia (que está agora fechado) e os moinhos de farinha de rolos de Coimbatore. Estes moinhos de farinha já existiam há décadas e estavam na periferia da cidade em determinada altura. Agora estão no meio da cidade devido à crescente urbanização.

4.4 Demográficos

O quadro 4.1 mostra os detalhes da população e outras dinâmicas no distrito.

A população do distrito de Coimbatore (de acordo com o censo de 2011) era de cerca de 3,47 milhões, dos quais a população masculina era de 1,73 milhões e a população feminina de 1,74 milhões, respectivamente. Esta população constituía 4,81 por cento da população do Estado. O distrito registou um aumento de 18,46 por cento da população em relação ao censo de 2001, em comparação com um aumento de 16,96 por cento da população entre 1991 e 2001. Os dados provisórios iniciais mostraram uma densidade populacional de 748 habitantes em 2011, em comparação com 631 de 2001. A área total no distrito de Coimbatore é de 4.850 km2.

Quadro 4.1 Detalhes demográficos de Coimbatore

Descrição	Censo 2011	Censo de 2001
Área (km quadrados)	4,850	4,850
População	34,72,578	29,16,620
Proporção da população para o Estado Tamil Nadu (%)	4.81	4.67
Número de Machos	17,35,362	14,82,228
Número de Fêmeas	17,37,216	14,34,392
Crescimento da População (%)	18.46	16.96
Densidade Populacional/km²	748	631
Número de literatos	26,78,637	20,56,377
Número de Literaturas Masculinas	14,18,291	11,40,737
Descrição	**Censo 2011**	**Censo de 2001**
Número de Literaturas Femininas	12,60,346	9,15640
Taxa de alfabetização (%)	84.31	78.50
Alfabetização masculina (%)	89.49	85.71
Literacia Feminina (%)	79.16	71.06
Proporção de sexo (Por 1000)	1001	968
Proporção de sexo infantil (0-6 idade)	963	963
População infantil total (0-6 anos)	2,95,584	2,97,139
População masculina (0-6 anos)	1,50,580	1,51,378
População Feminina (0-6 anos)	1,45,004	1,45,761
Proporção de crianças (0-6 Idade) (%)	8.51	10.19
Proporção de rapazes (0-6 anos) (%)	8.68	10.21
Proporção de raparigas (0-6 anos) (%)	8.35	10.16

Fonte: http://www.census2011.co.in/census/district/32-coimbatore.

O quadro 4.1 também indica que o nível de alfabetização de homens e mulheres tinha aumentado de 78,50%, conforme o censo de 2001, para 84,31% no censo de 2011. Contudo, a proporção de crianças na faixa etária dos 0 aos 6 anos diminuiu de 10,19 por cento para 8,51 por cento. O distrito está mais dividido em zonas rurais e urbanas e os detalhes demográficos destas duas áreas são apresentados no Quadro 4.2.

Quadro 4.2 Pormenores sobre a população urbana e rural (censo de 2011)

Descrição	Rural	Urbano
População (%)	24.17	75.83
População total	8,39,408	26,33,170
População masculina	4,18,771	13,16,591
População Feminina	4,20,637	13,16,579
Relação de sexo	1004	1000
Proporção de sexo infantil (0-6)	967	962
População infantil (0-6)	64,167	231,417
Criança Masculina (0-6)	32,628	1,17,952
Criança Feminina (0-6)	31,539	1,13,465
Percentagem de crianças (0-6) (%)	7.64	8.79
Percentagem de crianças do sexo masculino (%)	7.79	8.96
Percentagem de crianças do sexo feminino (%)	7.50	8.62
Literaturas	5,61,518	21,17,119
Literatos masculinos	3,09,893	11,08,398
Literaturas Femininas	2,51,625	10,08,721
Taxa de alfabetização (%)	72.43 %	88.15 %
Alfabetização masculina (%)	80.25	92.47
Literacia Feminina (%)	64.67	83.84

Fonte: http://www.census201Lco.in/census/district/32-coimbatore.

A área urbana tinha cerca de 75,83 por cento da população total do Distrito. A proporção de sexo para a zona rural era mais elevada (1004) do que a da zona urbana (1000). Do mesmo modo, a proporção de sexo da criança (0-6 anos) era também mais elevada na zona rural (967) do que na zona urbana (962). A taxa de alfabetização na zona urbana (88,15 por cento) era mais elevada do que a da zona rural (72,43 por cento). Do mesmo modo, a taxa de alfabetização masculina (92,47 por cento) e feminina (83,84 por cento) era também mais elevada na zona urbana do que a masculina (80,25 por cento) e feminina (64,67 por cento) na zona rural.

A informação discutida acima confirmou que Coimbatore é um local de crescimento rápido com muito potencial em crescimento industrial e urbanização. A entrada de empresas de TI na Coimbatore acrescenta mais uma pena ao limite.

Revolução do retalho em Coimbatore

Os peritos da indústria acreditavam que a cidade iria em breve experimentar toda uma gama de desenvolvimento retalhista, uma vez que as pessoas em Coimbatore têm rendimentos disponíveis suficientes devido à sua natureza empreendedora e também à sua natureza consciente da marca e estilo de vida aspirante. De acordo com fontes da indústria, uma vez que a cidade é um mercado muito bom e está inexplorada há muito tempo, recentemente, muitas marcas nacionais e internacionais são encontradas a fazer negócios fabulosos em Coimbatore. O sucesso do comércio a retalho baseia-se na localização dos pontos de venda e os locais são classificados como ruas altas tradicionais, novas ruas altas e mercados emergentes. As ruas altas tradicionais incluem Oppanakara Street e Cross Cut Road, as novas ruas altas incluem BB Road e TV Swami Road e os mercados emergentes incluem Avinashi Road e Trichy Road. A presença do Brookfield Plaza espalhou-se por cerca de cinco pés quadrados de lakh que servem a antiga área de mercado e a Fun Republic que ainda está para abrir as suas portas na Avinashi Road abre a nova estrada para o desenvolvimento nessa área. O rápido crescimento industrial e o boom das TI abriram novas oportunidades para as unidades retalhistas. A concorrência no sector retalhista com mais super mercados a chegar em qualquer empresa retalhista que tivesse ocupado um lugar especial em Coimbatore precisava de ser renovada e recuperada para manter a sua posição. Neste cenário, o presente estudo tentou identificar as questões do actual sistema de uma organização retalhista e fez uma tentativa de apresentar intervenções válidas para o aumento da escala do desempenho da organização.

Empresa de casos

O estudo actual levou "Mais" supermercado para a realização de investigação. "Mais" foi a criança cérebro do grupo Aditya Birla que nasceu em Maio de 2007. O grupo Aditya Birla adquiriu uma participação maioritária significativa na Trinethra Super Retail Limited da India Value Funds. Aditya Birla Retail Ltd (ABRL) expandiu a sua presença em todo o país sob a marca "More" com 2 formatos Supermercado e Hipermercado.

Supermercado

"Mais" está convenientemente localizado em bairros. Os supermercados "More" satisfazem as necessidades diárias, semanais e mensais dos consumidores em termos de compras. As ofertas de produtos incluíam uma vasta gama de frutas e legumes frescos, mercearias, cuidados pessoais, cuidados ao domicílio, mercadorias em geral e uma gama básica de vestuário. Mantém um espaço de loja de 2500 pés quadrados por loja. Actualmente, existem mais de 640 "Mais" supermercados em todo o país. "Mais" tinha lançado uma enorme gama de marcas privadas em alimentos e mercearias, agrafes. A cidade de Coimbatore tem cerca de oito lojas localizadas em Peelamedu, Kovaipudur, Thudialur, Ganapathy, Cheranmanagar, colónia de Saibaba e Vadavalli.

Hipermercado

"Mais MEGASTORE" é um destino de compras único para toda a família. Além disso, uma vasta gama de produtos entre frutas e legumes, produtos de mercearia, produtos FMCG, More MEGASTORE teve também uma forte ênfase em mercadorias em geral, vestuário e CDIT. Actualmente, doze hipermercados operam sob a marca "More MEGASTORE". Estão localizados em Mysore, Vadodara, Aurangabad, Indore, Mahadevpura e Old Madras Road (Old Chetan Talkies) em Bengaluru, Mumbai, Hyderabad, Vashi, Rohini e Kirti Nagar em Nova Deli e Nashik.

Prémios de Excelência

Aditya Birla Retail recebeu o prémio "Melhor Empregador de Retalho do Ano" no Reid and Taylor Awards for Retail Excellence, pelo júri global do Congresso de Retalho da Ásia em 2009 e 2011. O fórum atribuiu ao CEO da ABRL, Sr. Thomas Varghese, o Prestigious Retail Icon Award pelo júri global do Congresso de Retalho Asiático 2011. Aditya Birla Retail Limited foi também galardoada com o prémio Reid & Taylor Award for Retail Excellence pelo júri global do Asia Retail Congress 2010 para a melhor campanha de marketing do ano - Lançamento do Hamesha Extra. Foi também atribuído o Prémio Estrela de Ouro 2009-2010 ao retalhista mais admirado do ano (Food & Grocery) pela excelência em Alimentação, Hospitalidade, Serviço e Retalho. Em Março de 2011, o 10th Indira Award for Marketing Excellence foi atribuído a Aditya Birla Retail Limited CEO, Sr. Thomas Varghese, pela sua notável contribuição para a construção da marca.

CAPÍTULO V

RESULTADOS E DISCUSSÃO

Este capítulo discute em pormenor os resultados obtidos através da aplicação de várias ferramentas analíticas. O estudo tentou desenvolver determinadas intervenções para melhorar o desempenho organizacional das lojas de retalho. Os resultados do estudo estão organizados de acordo com as seguintes secções

5.1 Análise Organizacional

5.2 Análise Ambiental

5.3 Análise da Causa

5.4 Concepção e desenvolvimento da selecção de intervenções

5.5 Análise Organizacional

A análise organizacional da firma foi feita neste estudo e a análise começou por compreender a missão e a declaração de visão da organização. Esta análise fez sobressair o desempenho desejado da força de trabalho.

5.1.1 Visão, Missão e Valores da Organização

A visão do "Mais" é "Proporcionar consistentemente ao consumidor indiano experiências de compra completas e diferenciadas e estar entre os principais retalhistas indianos, proporcionando ao mesmo tempo retornos superiores a todos os interessados".

A missão é o objectivo básico de qualquer organização. São as formas e os meios para alcançar a visão da organização. A missão do "Mais" é "fornecer valor superior aos clientes, accionistas, empregados e à sociedade".

Os valores impulsionam a cultura e as prioridades de uma organização e proporcionam um quadro no qual as decisões são tomadas. A cultura organizacional de qualquer organização está dependente dos seus valores. Os valores são específicos da organização. Integridade, Compromisso, Paixão, Sem Costura e Rapidez são os valores que impulsionam a cultura e as prioridades da organização "Mais".

"Mais" está empenhado e apaixonado em entregar os seus produtos e serviços aos clientes. Gosta de ser consistente em todos os seus esforços. Seria rápido na satisfação das necessidades dos clientes. Queria manter a integridade em todas as suas acções em prol do bem-estar da organização.

5.1.2 Estratégia

"Mais" concentra-se em manter normas de qualidade rigorosas em todos os seus produtos. A firma está empenhada em assegurar aos consumidores a qualidade dos seus produtos e serviços numa base consistente. Um sistema robusto de gestão da qualidade é implementado na empresa. A empresa visa satisfazer as expectativas dos consumidores, mantendo uma força de trabalho forte e empenhada, competente e totalmente treinada.

A análise organizacional trouxe à luz o seguinte nível de desempenho que o "Mais" queria atingir.

> Proporcionar uma experiência de compra única aos clientes, dando algo extra enquanto fazem compras em "Mais

> Para oferecer melhor valor aos clientes, empregados e todos os outros interessados

> Manter o compromisso, integridade, consistência e rapidez em todos os seus serviços aos clientes.

5.6 Análise ambiental

A análise ambiental de "Mais" ajuda a conhecer o seu nível de desempenho existente. Os resultados são discutidos com respeito ao ambiente organizacional, ambiente de trabalho, trabalho e empregados.

5.2.1 Ambiente organizacional

O ambiente organizacional compreendia vários intervenientes da organização, nomeadamente clientes e concorrentes. Os clientes que eram os principais interessados da organização foram consultados para conhecer o serviço da loja de retalho. A concorrência foi avaliada comparando a loja retalhista com os seus actuais concorrentes localizados nas proximidades das lojas. Os atributos dos concorrentes serviram de referência para comparar e melhorar o actual desempenho da loja de retalho. Os clientes foram inquiridos para avaliar a qualidade do serviço de retalho da loja. Os detalhes da análise com respeito aos clientes foram fornecidos nas páginas seguintes.

5.2.1.1 Perfil demográfico dos clientes

Os detalhes demográficos como idade, sexo, educação e detalhes ocupacionais dos clientes da amostra foram analisados.

(i) Idade

Os clientes da amostra foram categorizados em 6 grupos, seguidos por Mohan *et al.* (2010). Os detalhes são apresentados no quadro 5.1

Tabela 5.1 Grupo etário dos clientes

S. Não	Classificação	Loja 1		Loja 2		Loja 3		Loja 4		Amostra total	
		Não	%	Não	%	Não	%	Não	%	Não	%
1	16-25	6	10	13	22	5	8	24	40	48	20
2	26-35	21	34	13	22	16	27	11	18	61	25
3	36-45	7	12	16	27	16	27	13	22	52	22
4	46-55	13	22	10	16	9	15	5	8	37	15
5	56-65	10	17	8	13	14	23	6	10	38	16
6	66-75	3	5	0	0	0	0	1	2	4	2
	Total	60	100	60	100	60	100	60	100	240	100

Da tabela 5.1 podia ver-se que 25% dos clientes pertenciam à classificação etária 26-35 seguida de 36-45, 16-25, 56-65, 46-55 grupos. As pessoas dos grupos etários 36-45 e 26-35 visitaram a loja para comprar mercearias. Mas os clientes do grupo etário dos 16-25 anos visitaram a loja para produtos de cuidado da pele. Entre as quatro lojas, a Loja 4 atraiu os clientes do grupo etário 16-25 (40 por cento), seguida da Loja 2 (22 por cento) e a Loja 3 (8 por cento) foi a menos visitada. A Loja 4 estava localizada numa área mais próxima das escolas superiores. A maioria dos visitantes dessa loja era composta por estudantes universitários e funcionários de TI mais jovens. Isto transmitia a informação relativa à gama de produtos a ser mantida naquela loja específica para atrair mais clientes pertencentes a esse grupo etário. Estes clientes mais jovens preferiam produtos de cuidado da pele como loções, desodorizantes, perfumes, etc.

A loja 3 atraiu cerca de 54 por cento dos clientes do grupo etário 26-45. Todas as outras três lojas atraíram apenas 30 a 40 por cento do grupo etário acima. No caso de clientes do grupo etário 46-55 anos, a Loja 1 atraiu cerca de 22%, seguida da Loja 2 (16%), Loja 3 (15%) e Loja 4 (8%). Os clientes do grupo etário 26-55 concentraram-se nos produtos alimentares e de mercearia.

A Loja 1 e a Loja 3 atraíram a faixa etária de 56-75 mais do que as outras duas lojas. Eram os clientes reformados e o seu principal interesse era a compra de frutas e legumes, mercearias. Este grupo etário esperava serviços de aposta como ajudar na identificação do produto, entrega gratuita ao domicílio, etc. O serviço de entrega ao domicílio gratuito era o principal requisito dos clientes pertencentes ao grupo etário dos 26-75 anos.

Os resultados indicaram que os inquiridos da amostra pertenciam a todo o grupo etário.

(ii) Género

A influência do género na decisão de compra é provada por estudos de investigação. Amy (2009) descobriu que existia uma diferença no processamento de informação persuasiva entre homens e mulheres e, por conseguinte, eram necessárias diferentes estratégias de marketing para os persuadir a comprar. O sexo dos inquiridos da amostra no estudo é apresentado no Quadro 5.2.

Quadro 5.2 Género dos clientes

S.No	Género	Loja 1		Loja 2		Loja 3		Loja 4		Amostra total	
		Não	%	Não	%	Não	%	Não	%	Não	%
1	Sexo masculino	32	53	25	42	23	38	43	72	125	52
2	Feminino	28	47	35	58	37	62	17	28	115	48
	Total	60	100	60	100	60	100	60	100	240	100

O sexo dos inquiridos da amostra foi identificado e verifica-se que entre o total de clientes da amostra, 52% eram clientes masculinos e 48% eram clientes femininos. Entre as quatro lojas, a percentagem de clientes masculinos em relação ao total da amostra de clientes visitados na

Loja 4 foi de 72 contra 53 por cento na Loja 1, 42 por cento na Loja 2 e 38 por cento na Loja 3, respectivamente. A distância da loja à residência, acessibilidade e outros factores influenciariam a percentagem de clientes do sexo masculino e feminino que visitavam a loja. Por exemplo, a Loja 4 está localizada adjacente a uma grande loja de fruta e vegetais organizada (*Pazhamudhir Nilayam*) que atraía mais clientes do sexo feminino do que a Loja 4 poderia atrair. Além disso, o nível de vida, casal de dupla carreira, etc. também influenciam o género e o tipo de clientes que visitam a loja retalhista. Embora o presente estudo não esteja inclinado a aprofundar o género e o seu comportamento de compra, observa-se que os consumidores presentes queriam uma experiência de compra diferente. Esperavam uma compra descontraída de alimentos e mercearia com a sua família. Preferiam que um super mercado não só servisse os produtos necessários mas também um local confortável para visitar.

(iii) Educação

A educação serviu como um factor importante para influenciar a decisão de compra. Um consumidor com boa educação estaria ciente da tendência actual no mercado. A sua expectativa em relação aos supermercados era elevada devido às Tecnologias de Informação e Comunicação. O nível de educação dos inquiridos da amostra é apresentado na Tabela 5.3.

Quadro 5.3 Nível de educação dos clientes

S.No	Nível	Loja 1		Loja 2		Loja 3		Loja 4		Amostra total	
		Não	%	Não	%	Não	%	Não	%	Não	%
1	Escola	9	15	19	32	16	27	8	13	52	22
2	UG	33	55	21	35	21	35	22	37	97	40
3	PG	15	25	7	12	17	28	12	20	51	21
4	Profissional	3	5	13	21	6	10	18	30	40	17
	Total	60	100	60	100	60	100	60	100	240	100

Do Quadro 5.3 podia ver-se que entre as quatro lojas, a Loja 2 atraía 32% dos clientes que tinham educação até ao nível escolar, seguida pela Loja 3 (27%), Loja 1 (15%) e Loja 4 (13%), respectivamente. Muitos clientes com licenciatura visitaram a Loja 1 (55 por cento) contra 37 por cento na Loja 4, 35 por cento na Loja 2 e 35 por cento na Loja 3. Maior número de clientes com pós-graduação visitou a Loja 3 (28%) do que as outras três lojas Loja 1 (25%), Loja 2 (12%) e Loja 4 (20%). Formação profissional

referiu-se aos diplomas profissionais como engenharia. A Loja 4 atraiu mais profissionais (30%), seguida da Loja 2 (21%), Loja 3 (10%) e Loja 1 (5%), respectivamente.

Os resultados acima indicados indicaram que os clientes eram bem instruídos e que 78% dos clientes da amostra tinham mais do que educação escolar.

(iv)Ocupação

Os detalhes profissionais dos clientes (Quadro 5.4) são importantes devido às seguintes razões

> Conhecer a capacidade de ganho e o estatuto económico dos clientes que visitam a loja

> Identificar o responsável pela tomada de decisões da família.

> Para avaliar os requisitos do produto da categoria de cliente.

Tabela 5.4 Detalhes profissionais dos clientes

S. Não	Ocupação	Loja 1		Loja 2		Loja 3		Loja 4		Amostra total	
		Não	%	Não	%	Não	%	Não	%	Não	%
1	Trabalhador independente	10	17	3	5	9	15	7	12	29	12
2	Empregado	19	32	16	27	16	27	27	45	78	33
3	Esposas da casa	21	35	28	47	30	50	8	13	87	36
4	Reformado	10	17	2	3	4	6	4	6	20	8
5	Estudantes	0	0	11	18	1	2	14	24	26	11
	Total	60	100	60	100	60	100	60	100	240	100

Os clientes que visitavam as lojas eram trabalhadores por conta própria, empregados, donas de casa, reformados e estudantes. Entre as várias categorias de clientes, 69 por cento dos clientes pertenciam à categoria dos empregados e donas de casa. Entre as diferentes lojas, a maioria dos visitantes da Loja 1 eram donas-de-casa (35%) seguidas de empregadas (32%). Na Loja 2 e na Loja 3, os principais visitantes eram apenas donas de casa (47 e 50 por cento). A Loja 4, contudo, teve apenas poucos visitantes (13 por cento) da categoria Housewife.

Entre as quatro lojas, a Loja 4 (mais perto da área universitária) teve visitas frequentes de estudantes. Entre os empregados, esta loja em particular atraiu clientes da empresa de TI.

A natureza dos produtos preferidos pelos clientes variou em função das categorias. Os estudantes e bacharéis preferiam produtos de cuidado da pele.

Os detalhes demográficos como idade, sexo, educação e profissão ajudariam assim o retalhista a decidir a gama de produtos e as expectativas dos clientes. Além disso, os detalhes profissionais dos consumidores ajudariam a fixar o momento da loja e a decidir os requisitos do produto.

5.2.1.2 Qualidade do serviço de retalho

A qualidade de serviço de uma empresa é uma bitola perfeita para avaliar a força de uma empresa retalhista. Os serviços prestados pela empresa influenciam a satisfação do cliente, o comportamento de compra dos clientes, a retenção dos clientes e, em última análise, as vendas da empresa. Neste estudo, a Qualidade de Serviço de Retalho (RSQ) foi capturada com base em seis dimensões: aparência física, confiança inspiradora, cortesia, resolução de problemas, política e serviços relacionados com produtos utilizando a Escala de Qualidade de Serviço de Retalho (RSQS). Os resultados são apresentados na Fig.5.1. Os valores de todas as seis dimensões da qualidade dos serviços de retalho foram também comparados entre as lojas. Todas as lojas de amostras pertenciam a uma empresa privada de retalho. Por conseguinte, espera-se que todas estas seis dimensões tenham de ser mantidas uniformemente pelas lojas individuais. No entanto, verificou-se que as pontuações relacionadas com a aparência física, confiança inspiradora, cortesia e política eram apenas semelhantes em todas as lojas da amostra, mas existiam variações nas pontuações nas dimensões nomeadamente resolução de problemas e serviços relacionados com produtos.

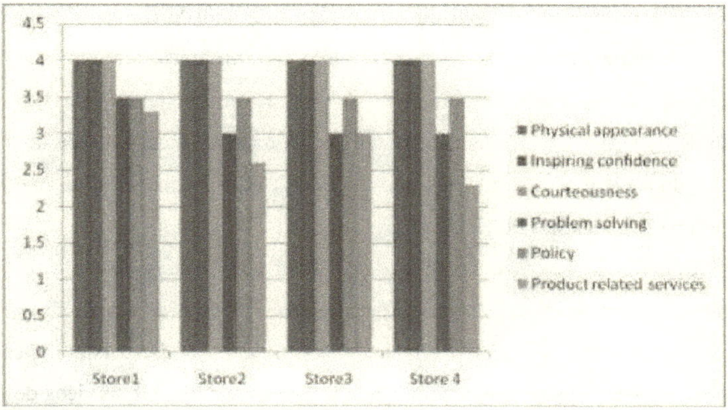

Fig 5.1 Serviço de retalho Qualidade das lojas

Normalmente, as dimensões como confiança inspiradora, resolução de problemas e cortesia variam dependendo do pessoal de serviço no espaço do piso. Além disso, os factores como a satisfação profissional e a inteligência emocional dos empregados criam a variação na sua natureza de serviço. Da mesma forma, os serviços relacionados com o produto variam de acordo com as vendas e exigências dos clientes. As vendas efectivas conduzem a uma substituição mais rápida dos stocks. Além disso, o gestor da loja deve também acompanhar correctamente a exigência dos produtos e colocar o travessão no centro de distribuição. O inquérito detalhado e as observações feitas neste estudo lançaram mais luz sobre esta dimensão.

A maioria dos clientes considerou que os produtos exigidos por eles não estavam presentes em todas estas lojas seleccionadas. Os clientes também expressaram a sua opinião de que o tamanho exigido do produto não estava disponível. Os clientes sentiram que a loja mantinha mais marcas de marca privada do que as marcas populares. Observações mais sérias sobre esta dimensão revelaram também que havia presença de produtos expirados nas prateleiras, a quantidade de descontos e ofertas não eram devidamente comunicadas aos clientes, existência de diferenças nas ofertas de desconto entre as lojas, manutenção inadequada das prateleiras e o movimento dos clientes dentro da loja a retalho era dificultado pelo stock - em inventário.

Os clientes preferiram uma loja específica pela sua vasta gama de produtos e outras comodidades fornecidas. Podem mudar para outras lojas concorrentes para satisfazer as suas necessidades. Os clientes visitam uma determinada loja para a compra de mercearia e outros artigos. Se não conseguirem localizar o produto necessário, então os clientes podem mudar para lojas mais convenientes. Simultaneamente, esta informação pode espalhar-se aos seus vizinhos e amigos, uma vez que o boca-a-boca é a principal fonte de publicidade para um supermercado. Assim, a falta dos produtos necessários na prateleira da loja pode reduzir a frequência da visita do cliente à loja.

Além disso, a contribuição de cada dimensão para a qualidade do serviço de retalho da empresa foi encontrada através do desenvolvimento de um modelo teórico ligando todas as seis dimensões com a qualidade do serviço. O teste do modelo (Fig. 5.2) utilizando Modelação de Equações Estruturais (SEM) evidenciou o papel de cada dimensão na medição da qualidade do serviço de retalho da empresa. O modelo projectou a qualidade do serviço a retalho como o efeito das seis dimensões.

Da Fig. 5.2 podia ver-se que o peso da regressão dos itens das cinco dimensões, nomeadamente aparência física, inspirando confiança, cortesia, resolução de problemas e política, era inferior ao dos serviços relacionados com o produto. Isto indicava que a influência dos serviços relacionados com o produto na qualidade dos serviços de retalho do "Mais" era superior às outras cinco dimensões da qualidade dos serviços de retalho. Isto confirmou ainda mais que a dimensão relacionada com o produto contribuiu fortemente para a qualidade do serviço de retalho da empresa do que as outras cinco dimensões. Assim, esta dimensão deveria concentrar-se para melhorar a qualidade do serviço de venda a retalho. Os pesos de regressão entre os artigos (i1 a i8) e a dimensão mostraram os pesos dos artigos na medição da sua respectiva dimensão. Os pesos de regressão dos artigos (i1 a i7) contribuíram para cinco dimensões, com excepção dos serviços relacionados com o produto, que foram muito elevados. Isto indicava que os itens das cinco dimensões eram capazes de os medir completamente. Mas, os componentes das dimensões relacionadas com o produto não foram capazes de medir completamente o seu efeito. Isto indicou que poderiam ser acrescentados mais alguns itens para medir os serviços relacionados com o produto e isto não foi tentado no presente estudo devido à limitação do estudo para cobrir apenas uma determinada empresa no sector retalhista.

Fig 5.2 Seis dimensões do RSQ como primeira encomenda e Qualidade do Serviço de Retalho como segunda encomenda

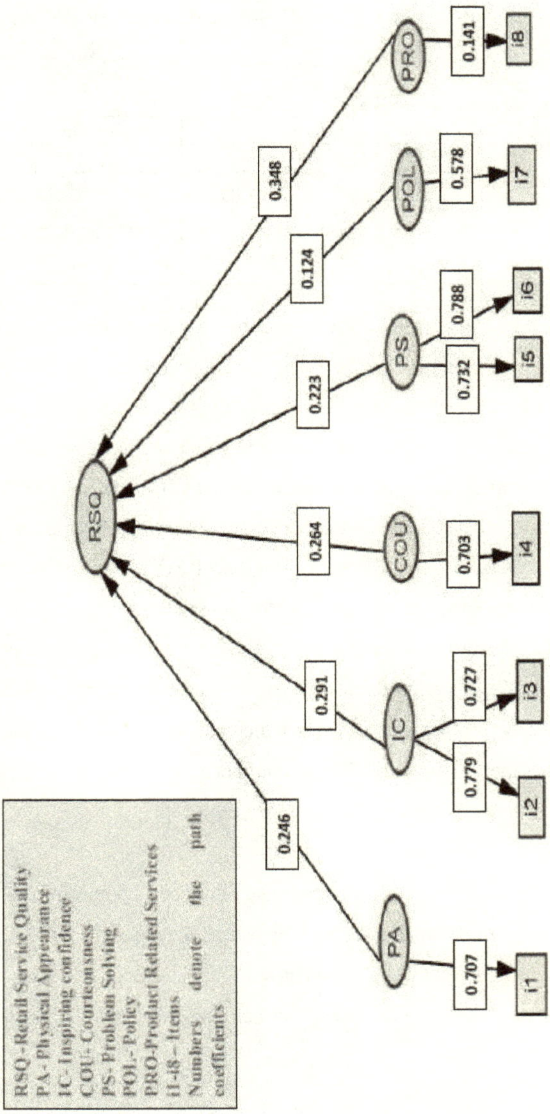

A superioridade do Modelo RSQ foi estimada através dos valores dos índices de ajuste do modelo, nomeadamente CMIN(x^2), CMIN/DF, Normed Fit Index (NFI), Comparative fit index (CFI), Root Mean Square Error of Approximation (RMSEA) e PCLOSE de probabilidade geral. Os valores e probabilidade do índice são apresentados na Tabela 5.5.

Tabela 5.5 Resumo do modelo de RSQ

S. Não	Índice	Valor
1	CMIN(x)^2	9.846
2	CMIN/DF	1.094
3	NFI	0.966
4	TPI	0.997
5	RMSEA	0.02
	PCLOSE	0.746

Os índices apresentados na Tabela 5.5 indicavam a supremacia do modelo teórico da qualidade do serviço de retalho. Um valor quadrático inferior de chi (CMIN) e valores superiores de CFI e NFI indicavam a adequação da Qualidade do Serviço a Retalho. O valor de RMSEA (0,02) que era inferior a 0,05 mostrou que o modelo estava bem adaptado à amostra, tal como confirmado por Browne & Cudeck (1993). PCLOSE ou o valor de probabilidade próximo do teste de aptidão deve ser superior a 0,05 para que o modelo se adapte à população. O valor PCLOSE para o modelo RSQ foi de 0,746. Daí que o modelo para os dados da amostra se ajustasse bem à população geral.

Assim, o modelo construído confirmou a dependência da qualidade do serviço retalhista em relação às seis dimensões e variou de acordo com elas. Isto também implica que a escala de qualidade do serviço de retalho para um super mercado em condição indiana poderia ser de seis dimensões, a saber: aparência física, confiança inspiradora, cortesia, resolução de problemas, política e serviços relacionados com produtos.

5.2.1.3 Concorrentes

Os atributos como preço, ofertas, serviço, qualidade e disponibilidade do produto são utilizados neste estudo para comparar o "Mais" e os seus concorrentes. A lista de concorrentes para cada loja é apresentada na Tabela 5.6.Garrett técnica de classificação foi utilizada para comparar "quatro lojas de amostra de "Mais" com os seus respectivos concorrentes.

Tabela 5.6. Concorrentes do "Mais" super-mercado

Loja	Grande Concorrente	Outros concorrentes
Loja 1	Nilgiris	Home Magic, loja de departamentos Kannan
Loja 2	Confiança fresca	Loja Kannan Department e retalhistas não organizados
Loja 3	Nilgiris	Confiança fresca, loja Kannan Department e retalhistas não organizados
Loja 4	Nilgiris	Loja do Departamento de Kannan

O supermercado Nilgiris é o principal concorrente para três lojas e a Reliance Fresh é o principal concorrente para a Loja 2. Para além destes dois grandes concorrentes, a loja Kannan Department é a concorrente para as quatro lojas. Esta loja Kannan Department é uma cadeia de lojas que opera em diferentes partes de Coimbatore e no distrito vizinho de Erode. Foi observado pelo estudo que os clientes preferem esta loja de departamento principalmente pela sua estratégia de preços. Esta loja tornou-se uma grande ameaça para "Mais". As lojas de retalho não organizadas nas proximidades da Loja 2 são preferidas pelos clientes pelo seu serviço de entrega gratuita ao domicílio. Os atributos que "Mais" precisa de se concentrar para conquistar os concorrentes com base no ranking do Cliente são apresentados na Tabela 5.7.

Tabela 5.7 Ranking de "Mais" e dos seus concorrentes

S. Não	Atributos	" Mais".		Concorrentes	
		Pontuação de Garrett	Posição	Pontuação de Garrett	Posição
1	Qualidade dos produtos	64	I	40	II
2	Serviço prestado pela loja	62	II	36	III
3	Disponibilidade do produto	46	III	48	I
4	Ofertas feitas na loja	44	IV	27	V
5	Preço do produto	33	V	30	IV

"Mais" foi classificado em primeiro lugar pelos clientes para o fornecimento de produtos de qualidade. O serviço prestado e a disponibilidade do produto foram classificados em segundo e terceiro lugar pelos clientes que visitaram "Mais", mas as lojas de retalho geridas pelos concorrentes foram classificadas em primeiro lugar por disponibilizarem produtos diferentes com tamanhos variados, embora o preço viz- a- viz diferença de preço entre "Mais" e Concorrentes tenha sido classificado no fundo dos vários atributos da loja. Isto também confirmou o problema com os serviços relacionados com o produto em "Mais".

5.2.2 Ambiente de trabalho

Ambiente de trabalho composto por estrutura organizacional, responsabilidade de trabalho e objectivos de trabalho. Os empregados da loja devem cumprir rigorosamente as regras. Os objectivos foram fixados para lojas individuais com base nas suas vendas anteriores.

5.2.2 1 Estrutura organizativa

A estrutura organizacional determina a forma e o grau de delegação, controlo e coordenação de funções, poderes e responsabilidades, e como a informação flui entre os níveis de gestão. A análise da estrutura organizacional ajudou na revisão dos papéis e responsabilidades dos membros da organização. A empresa retalhista para efeitos de administração foi dividida em diferentes zonas. As zonas foram ainda divididas em clusters. Três aglomerados formaram uma zona. Cada agrupamento consistia em oito lojas. O agrupamento Coimbatore era composto por um gestor adjunto, um gestor de agrupamento, um gestor de RH, um gestor de merchandising, um gestor de centro de distribuição e um gestor de centro informático. Um centro de distribuição situado em Coimbatore forneceu o inventário a todas as lojas do aglomerado Coimbatore. Um gestor de agrupamento estava encarregado de um agrupamento e controlava oito lojas do agrupamento. Desempenhou um papel consultivo para o gestor da loja. A estrutura organizacional da empresa retalhista no aglomerado Coimbatore foi dada na figura 5.3 e esta figura representava as lojas levadas para o estudo. O gerente da loja, o Supervisor de Serviço ao Cliente (CSS) e os Assistentes de Serviço ao Cliente (CSA) realizaram as operações front end e outros realizaram a operação back - end. Os papéis dos empregados da frente - extremidade influenciaram directamente o desempenho da loja.

Fig 5.3 Estrutura organizacional da empresa de retalho no aglomerado Coimbatore

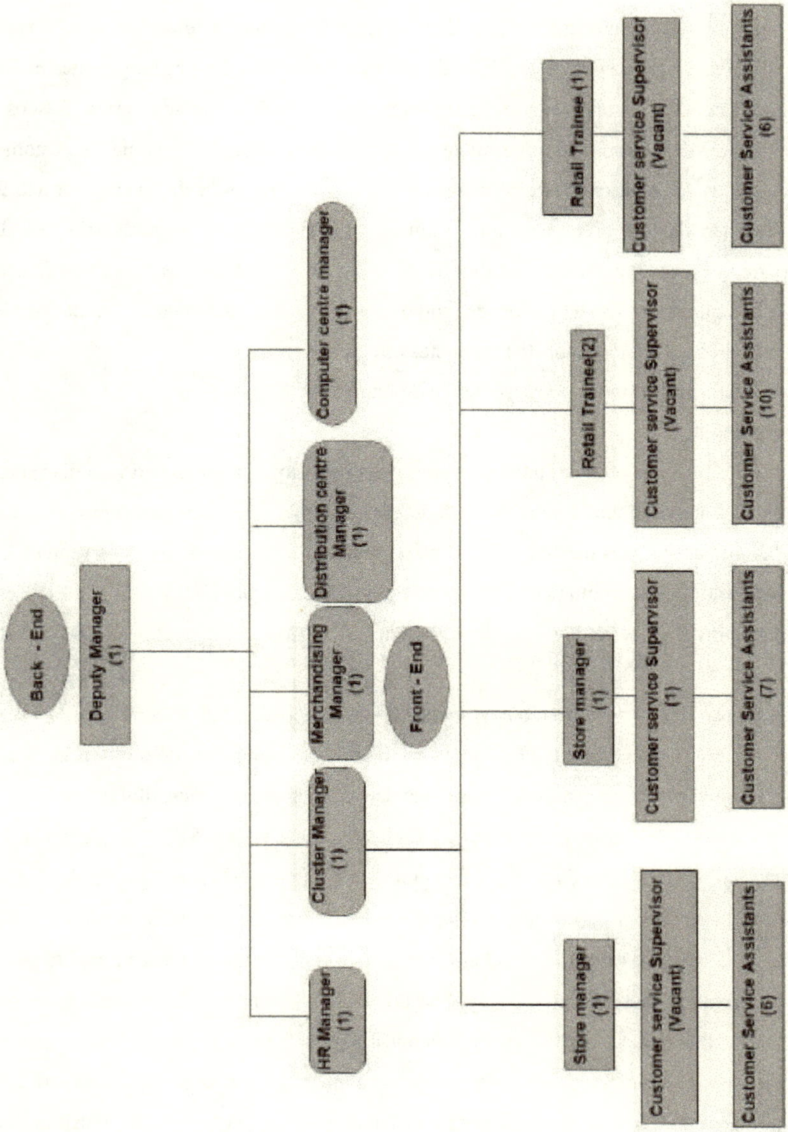

A análise da estrutura organizacional revelou que, excepto na Loja 2, as posições do CSS nas outras três lojas foram mantidas vagas. Isto aumentou a carga de trabalho do gestor da loja. Além disso, havia um número desigual de CSS em todas as quatro lojas. Duas das lojas (Loja 3 e Loja 4) eram geridas por estagiários do comércio a retalho, em vez de gerentes de loja. O presente estudo descobriu que os estagiários do comércio a retalho eram frescos com qualificação MBA e mais de um estagiário estava presente numa loja (Loja 3). A nomeação de estagiários de comércio a retalho numa loja em vez de um gestor de loja regular não é boa, pois a gestão da loja precisa de um gestor de loja experiente. Um estagiário tem de ser posicionado como estagiário de retalho numa loja com bom desempenho sob a direcção do gestor de loja antes de ser colocado como um gestor de loja regular ou de confiar as responsabilidades como gestor de loja a estes estagiários.

5.2.2 2 Responsabilidades profissionais e de trabalho

Gestor de loja

Os gestores das lojas eram os únicos responsáveis pelas lojas. Eles reportavam diariamente a frequência à sua sede em Bombaim. Têm de enviar o travessão para o escritório regional em Coimbatore para as suas necessidades. Deveriam atingir os seus objectivos de vendas. Era da sua responsabilidade comunicar as regras e regulamentos ao CSS e aos CSAs. Têm de informar sobre o dinheiro diário no final de cada dia.

CSA

Os CSAs não estavam autorizados a sentar-se no espaço do piso. Precisavam de manter o espaço do chão limpo e limpo. O pessoal de limpeza estava empenhado na limpeza das lojas, descarregamento de mercadorias para venda, contagem de mercadorias com o TO, reabastecimento e empilhamento de mercadorias, rotação de SKU, implementação de planogramas, etiquetagem das bordas das prateleiras, exposição visual, gestão de lixeiras de frutas e vegetais, vendas e serviço ao cliente e caixa. Necessitam de reabastecer a prateleira e mantê-las. Também estiveram envolvidos em actividades de entrega e marketing de portas. A empresa forneceu-lhes crachás de identificação, T-shirt. Trabalham durante um turno de oito horas, de acordo com as normas governamentais. Foram-lhes fornecidos refrescos duas vezes por dia. Após o seu início, deveriam submeter-se a um programa de formação que os treinava no tratamento de clientes, procedimentos de facturação, etc. O horário de trabalho para os CSAs é apresentado na Tabela 5.8.

Quadro 5.8 Calendário de trabalho dos CSA

7.00 Am	Loja abre
7.00- 9.00 AM	• Limpeza da superfície do chão • Verificação para Expiries • Remoção de lixeiras • Atendimento aos clientes
9.00 A.M -9.30 P.M	• Atendimento aos clientes • Descarregar as chegadas (F & V, diariamente, outros produtos) • Verificação do inventário • Arranjar os recém-chegados

Desenvolvimento de carreira

O desenvolvimento da carreira na empresa retalhista baseava-se puramente no desempenho. A classificação anual dos empregados era feita utilizando o cartão de pontuação de saldo. A classificação era feita para gestores de lojas e outros empregados na parte de trás. Os CSAs foram avaliados pelo gestor da loja. A empresa operava um programa chamado programa especializado para o retalho acelerado K(C)areer (SPARK). Os CSAs eram elegíveis para este programa. Os CSA com uma experiência mínima de 6 meses eram elegíveis para o exame de carreira. Os supervisores com uma experiência mínima de 6 meses eram elegíveis para este programa. O supervisor que desmaiasse seria promovido como gestor de loja.

5.2.2.3 Alvos de Trabalho

Os rastreadores diários eram atribuídos às lojas e variavam ao longo dos dias de uma semana. O gerente da loja tinha de empurrar as vendas do produto de acordo com os rastreadores. O gráfico de objectivos diários da loja é apresentado no Quadro 5.9.

Quadro 5.9 Gráfico diário dos alvos das lojas

Segunda-feira	Terça-feira	Quarta-feira	Quinta-feira	Sexta-feira	Sábado	Domingo
Marca Própria	Grampos	Bebidas	Artigos não alimentares	Saúde Bebidas	Legumes	Todos os produtos

O quadro alvo foi afixado na loja. Isto lembraria o gerente para atingir o alvo. O gerente da loja, o supervisor e os assistentes de serviço ao cliente receberam incentivos para atingir o alvo. Os incentivos eram baseados em dinheiro e não em percentagem do objectivo de vendas alcançado. O montante variava entre Rs 2000 (gerente da loja) e Rs 700 ao CSA para o cumprimento dos objectivos em percentagem. Um programa de software registava automaticamente as facturas introduzidas. Foi seleccionada uma melhor loja a nível nacional e o respectivo gestor de loja, gerente de loja, e as suas equipas receberam prémios em dinheiro.

5.2.3 Empregados

Os funcionários eram os membros activos da organização que serviam os clientes pessoalmente. A sua atitude mental em relação à loja e ao trabalho era o mais importante para lhes dar moral e fazê-los ter um bom desempenho. Assim, a inteligência emocional e a satisfação profissional dos empregados eram medidas. A importância destas duas variáveis e dos instrumentos de medição foram discutidas em pormenor no Capítulo III.

5.2.3.1 Idade, Género, Estado Educativo e Experiência

Os empregados do "Mais" foram categorizados com base nas suas operações na ABRL como empregados de front-end e back-end. Esta classificação é vital para o presente estudo, uma vez que o papel dos empregados de front-end é mais crítico para influenciar o desempenho da loja. Estes empregados tinham contacto directo com os clientes.

Os funcionários da ABRL (tanto do front-end como do back-end) foram estudados com base na sua idade, sexo, qualificação educacional e experiência. Os resultados são apresentados nos quadros 5.10, 5.11 5.12 e 5.13. Estas análises são também essenciais para estudar a influência destes factores no nível de inteligência emocional e satisfação profissional.

Tabela 5.10 Faixa etária dos empregados

Classificação	Front-End		Back-End	
	Não	%	Não	%
16-25	24	69	6	30
26-35	8	23	13	65
36-45	3	8	1	5
Total	35	100	20	100

Os empregados estão divididos em três grupos etários. Os resultados do quadro indicam que a maioria dos empregados da linha da frente pertenciam ao grupo etário dos 16-25 anos (69 por cento), seguido pelo grupo etário dos 26-35 anos (23 por cento). Em contraste, 65% dos empregados de retaguarda pertenciam ao grupo etário dos 26-35 anos. Havia menos empregados de primeira linha (3) que atravessavam a faixa etária dos 35 anos.

O sexo destes empregados (Tabela 5.11) revelou que a maioria dos empregados do frontend eram mulheres (71%) e todos os empregados do back-end eram homens.

Quadro 5.11 Género dos empregados

Género	Front End		Fundo	
	Não	%	Não	%
Sexo masculino	10	29	20	100
Feminino	25	71	0	0
Total	35	100	20	100

Além disso, o estatuto educacional dos empregados apresentado no Quadro 5.12 indica que a maioria (80%) dos empregados da linha da frente foram educados, mas apenas até ao nível escolar. Contudo, os restantes 20% tinham uma licenciatura. A qualificação educacional dos empregados de back-end era relativamente mais elevada, uma vez que 60% dos empregados de back-end tinham um grau inferior. A educação dos empregados da frente é essencial especialmente para os CSAs. Os clientes inquiriram sobre os produtos, a sua disponibilidade e utilização apenas para os CSAs. Assim, os CSAs devem ter a capacidade de compreender a língua inglesa, e precisam de ter muito conhecimento sobre os produtos, marcas, e a utilização dos diferentes produtos e a especialidade dos produtos individuais.

Quadro 5.12 Educação dos empregados

Classificação	Front-End		Back-End	
	Não	%	Não	%
Escola	28	80	0	0
UG	2	6	12	60
PG	5	14	8	40
Total	35	100	20	100

Quadro 5.13 Experiência dos empregados

Experiência	Front-End		Back-End	
	Não	%	Não	%
3-6 meses	25	71	4	20
6-11 meses	7	20	1	5
1-5 anos	3	9	13	65
Mais de 5 anos	0	0	2	10
Total	35	100	20	100

O Quadro 5.13 estabeleceu o facto de que os 91% dos empregados da frente - finais tinham uma experiência inferior a um ano e apenas nove por cento tinham uma experiência superior a um ano. Esta informação mostrou que a maioria dos empregados da frente - extremidade tinha menos experiência de loja. Um CSA familiar influencia os clientes fiéis. Além disso, os clientes sentir-se-ão à vontade com CSAs familiares do que com os novos recrutas. Assim, a mudança frequente de empregados da frente - extremidade (novos recrutas) irá dificultar as vendas das lojas.

5.2.3.2 Inteligência Emocional (EI)

O papel das emoções foi muito significativo no tratamento das pessoas. Os funcionários ao nível do piso precisam de lidar com os clientes. Os clientes podem ser de diferentes tipos, desde clientes fiéis a clientes que procuram apenas descontos. Os empregados ao nível da loja devem manter as suas emoções para lidar com diferentes tipos de clientes. Usando o instrumento DKEIT, a inteligência emocional foi medida separadamente para funcionários de front-end e back-end e os resultados são apresentados nas Figuras 5.4 e 5.5. Além disso, o nível de inteligência emocional baseado no género, educação e experiência dos empregados foi também analisado.

Verificou-se que a maioria (40 por cento) dos empregados da frente - extremidade tinha um nível médio de inteligência emocional. O baixo nível de inteligência emocional foi encontrado entre 17% dos empregados da linha da frente. Isto não foi um bom sinal para a loja de retalho, uma vez que os empregados da frente de gama servem directamente os clientes e espera-se que todos os empregados da frente de gama tenham um elevado nível de inteligência emocional. Apenas 43% deles tinham alto (6%), médio alto (6%) e muito alto (31%). Uma das razões foi que a maioria dos empregados da frente são CSA que não frequentaram qualquer curso superior e eram jovens.

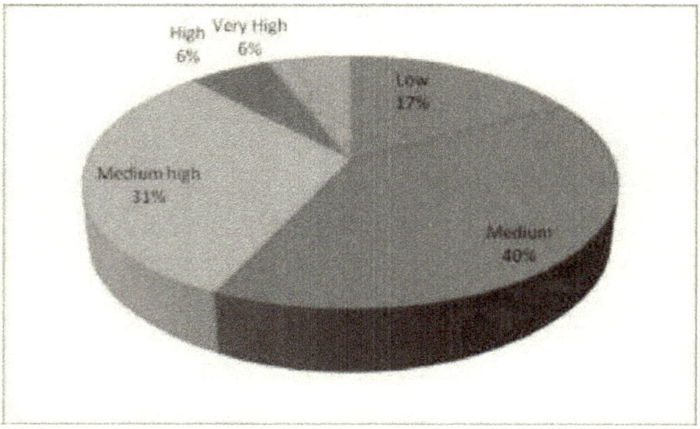

Fig 5.4 Nível de Inteligência emocional dos empregados da frente - empregados finais

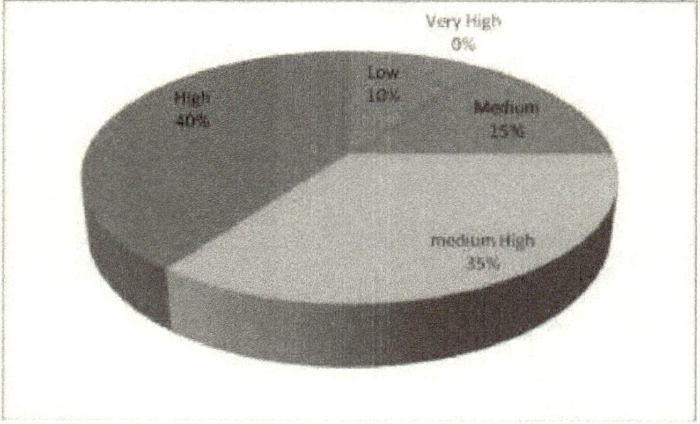

Fig.5.5 Nível de Inteligência emocional das costas - empregados finais

Entre os empregados de retaguarda - finais, 75 por cento deles tinham uma média alta (35 por cento) e alta (40 por cento). Contudo, a questão da presença de empregados com inteligência emocional baixa e média (25%) não era um problema grave, uma vez que estes empregados estavam envolvidos na administração e no controlo dos empregados da frente - empregados finais.

Os níveis de inteligência emocional baseados no género, educação e experiência dos empregados são apresentados nas Tabelas 5.14, 5.15 e 5.16

Quadro 5.14 Nível de Inteligência Emocional com base no sexo dos empregados

Nível de Inteligência Emocional	Sexo masculino		Feminino	
	Não	**%**	**Não**	**%**
Baixo	2	7	6	24
Médio	7	23	10	40
Média Alta	9	30	9	36
Alto	10	33	0	0
Muito Alta	2	7	0	0
Total	30	100	25	100
Pontuação média do EI	73.5		64.4	
Desvio padrão	10.78		8.96	
Erro padrão	1.96		1.79	
Valor T	3.34			
(p) valor	0.002			

Da tabela 5.14 podia-se ver que, 70% dos empregados masculinos tinham um nível médio alto a muito alto de inteligência emocional e apenas sete por cento tinham um nível baixo de inteligência emocional. Em contraste, apenas 36 por cento das funcionárias tinham um nível médio alto de inteligência emocional e apenas 24 por cento tinham um baixo nível de inteligência emocional. O valor médio dos escores de inteligência emocional de homens e mulheres indica que a maioria do sexo masculino tem um nível médio alto e o da mulher tem um nível médio de inteligência emocional entre a amostra. Um teste T independente feito também mostrou que existia uma diferença significativa na inteligência emocional entre os funcionários masculinos e femininos uma vez que o valor *(p)* é inferior a 0,05.

Este resultado foi semelhante com os resultados de Fatt (2002) e Ahmad *et.al* (2009) que declararam que as pontuações de inteligência emocional dos homens eram mais elevadas do que as das mulheres. Ahmed *et.al* (2009) descobriram que os homens tinham pontuações elevadas nas qualidades de assertividade, auto-reconhecimento e que eram mais capazes de gerir situações do que as mulheres. O estudo de Ahmad *et.al* (2009) foi crucial, pois foi feito numa sociedade dominada pelos homens no Paquistão.

Os resultados apresentados na Tabela 5.15 elaboram que a inteligência emocional baseada no estatuto educacional. Cerca de 36% dos empregados com apenas formação escolar tinham apenas um nível médio elevado de inteligência emocional, contra 64% dos empregados com formação universitária tinham um nível elevado de inteligência emocional (21% de média alta, 36% de alta e 7% de muito alta). No caso dos funcionários com pós-graduação, 83 por cento dos funcionários tinham um elevado nível de inteligência emocional (38 por cento médio alto, 38 por cento alto e 7 por cento muito alto). Assim, à medida que o nível de educação aumenta, o nível de inteligência emocional dos funcionários também aumenta.

Quadro 5.15 Nível de Inteligência Emocional com base no estatuto educacional dos empregados

Nível de Inteligência Emocional	Escola		UG		PG	
	Não	%	Não	%	Não	%
Baixo	6	21	1	7	1	8
Médio	12	43	4	29	1	8
Média Alta	10	36	3	21	5	38
Alto	0	0	5	36	5	38
Muito Alta	0	0	1	7	1	8
Total	28	100	14	100	13	100

Do mesmo modo, foi estudada a relação com a experiência e a inteligência emocional e os detalhes são fornecidos no Quadro 5.16.

Quadro 5.16 Nível de Inteligência Emocional baseado na experiência dos empregados

Nível de Inteligência Emocional	Menos de 1 Ano		Mais de 1 ano	
	Não	%	Não	%
Baixo	4	16	3	15
Médio	15	43	3	15
Média Alta	11	31	7	35
Alto	3	9	7	35
Muito Alta	2	6	0	0
Total	35	100	20	100

Entre os empregados com menos de um ano de experiência, 43% tinham um nível médio de inteligência emocional, 31% tinham um nível médio elevado de inteligência emocional, 9% com um nível elevado de inteligência emocional e 6% com um nível muito elevado de inteligência emocional. Em contraste, os funcionários com mais de um ano de experiência tinham um nível médio alto (35%) e alto nível de inteligência emocional (35%).

Assim, a discussão acima referida sobre a relação entre inteligência emocional com o género, educação e experiência tinha mostrado diferenças e estas diferenças foram discutidas mais aprofundadamente através da estimativa da correlação na secção seguinte

5.2.3.3 Satisfação profissional

A satisfação no trabalho é uma das atitudes de trabalho que expressa o nível de conforto dos empregados com o trabalho. No presente estudo, foi utilizado o índice Job Descriptive Index (JDI) para medir o nível de satisfação dos empregados com o emprego. Os resultados da satisfação no trabalho dos trabalhadores de front-end e back-end em relação aos colegas de trabalho, Job In General, Trabalho, promoção, remuneração e supervisão são mostrados nas

Figuras 5.6 e 5.7.

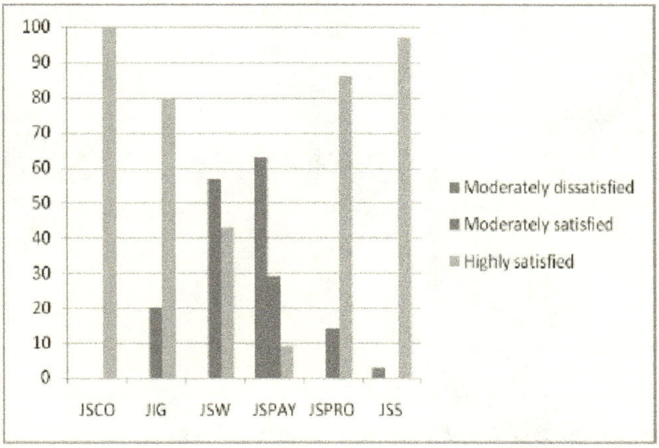

Fig 5.6 Nível de satisfação profissional dos trabalhadores da frente - empregados finais
JSCO - Co worker, JIG- Trabalho em Geral, JSW - trabalho no presente trabalho, JSPAY- Pagamento, JSPRO- Promoção e JSS- Supervisão

Entre as cinco facetas da satisfação no trabalho, os empregados da frente - extremidade estavam altamente satisfeitos (100%) com os seus colegas de trabalho (JSCO). No entanto, 57% estavam moderadamente satisfeitos e 43% estavam altamente satisfeitos com o seu trabalho (JSW). Mas a maioria dos trabalhadores da frente (63%) estava moderadamente insatisfeita com a remuneração (JSPAY). Os empregados ao nível do piso são as pessoas que lidam directamente com os clientes. A insatisfação com a remuneração pode levar à deslocação dos empregados para outras lojas. Isto é uma perda para a empresa, mas não para o empregado individual. Como a relação interpessoal é uma obrigação no sector retalhista, estes empregados podem atrair os clientes para o seu novo local de trabalho.

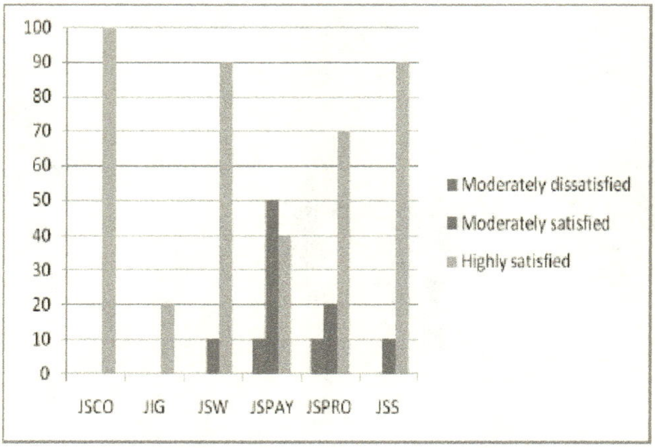

Fig 5.7 Nível de satisfação profissional dos empregados de retaguarda - empregados finais

JSCO - Co worker, JIG- Trabalho em Geral, JSW - trabalho no presente trabalho, JSPAY- Pagamento, JSPRO- Promoção e JSS- Supervisão

No caso dos empregados de retaguarda, apenas 10 por cento deles estavam moderadamente insatisfeitos com a remuneração e a promoção (JSPAY e JSPRO). A maioria deles (90 por cento) estava altamente satisfeita com os trabalhadores e com o trabalho (JSCO e JSW). Os trabalhadores a nível administrativo podem ser retidos, proporcionando amplas oportunidades de promoção. O nível

de insatisfação em relação ao salário e à promoção entre os empregados de retaguarda - os empregados de retaguarda eram apenas escassos, mas deveriam ser tomadas medidas para a rectificar.

Entre as cinco facetas da satisfação profissional, tanto os empregados da frente como os empregados da retaguarda estavam insatisfeitos com a remuneração (JSPAY). A insatisfação salarial entre os trabalhadores do sector retalhista foi confirmada por Whysall *et al.* (2009). Whysall *et al.* (2009) observaram a insatisfação na remuneração em três sectores do comércio a retalho, nomeadamente saúde, sector da beleza e supermercados, o que foi citado como o principal motivo de insatisfação com o emprego no sector do comércio a retalho.

5.2.3.4 A relação entre detalhes demográficos com inteligência emocional e satisfação no trabalho

A discussão anterior sobre a inteligência emocional e satisfação no trabalho entre os empregados tinha mostrado a existência de um baixo nível de inteligência emocional entre os empregados da frente e insatisfação na remuneração entre as duas categorias de empregados e insatisfação na promoção entre os empregados da retaguarda. Esta observação foi ainda reforçada através da análise dos componentes individuais da inteligência emocional, nomeadamente percepção, avaliação e regulação e a satisfação no trabalho com a idade, sexo, educação e experiência de todos os empregados. A influência é descoberta através de uma correlação com a Pearson. Os resultados são apresentados na Tabela 5.17.

Quadro 5.17 Relação entre idade, qualificação educacional e experiência com inteligência emocional e satisfação profissional

	Percepção	Avaliação	Regulamento	EI	JSCO	JSW	JSPAY	JSPRO	JSS
Idade	-0.154	0.228	0.148	0.155	0.076	0.031	0.225	0.029	-0. 035
Educação	0.006	0.330*	0.388**	0.425**	0.210	0.447**	0.490**	-0.048	-0.058
Experiência	-0.194	0.212	0.238	0.217	0.324*	0.358**	0.223	0-.091	0.206

**= a correlação é significativa ao nível de 1 por cento
*= a correlação é significativa ao nível de 5 por cento

Os resultados apresentados no Quadro 5.17 indicam que as componentes de avaliação e regulação da inteligência emocional foram consideradas positivamente influenciadas pela educação. A componente de regulação é mais importante na obtenção de controlo emocional. Os resultados indicaram que a componente de regulação variava com base na educação dos empregados. Assim, a inteligência emocional dos funcionários variou no que diz respeito à sua qualificação educacional. Além disso, a educação também criou variações na satisfação profissional no que diz respeito ao trabalho e remuneração. Gurbuz (2007) também encontrou uma relação positiva da educação com a faceta da satisfação no trabalho (JSW). Isto foi verdade, uma vez que um empregado instruído pode identificar rapidamente os elementos indesejáveis no trabalho. Existia uma relação entre a experiência dos empregados, colegas de trabalho e a faceta da satisfação no trabalho.

À medida que a experiência dos empregados aumenta, estes adquirem a confiança sobre o trabalho. Assim, o seu contentamento com o seu trabalho (trabalho) aumenta à medida que trabalham durante um longo período numa loja. O presente estudo concluiu que a experiência dos empregados variava entre 3 meses e 5 anos no caso dos empregados da frente e mais de cinco anos no caso dos empregados da retaguarda.

5.2.4 Impacto das variáveis ambientais sobre o desempenho organizacional

A revisão do trabalho elaborou a relação entre inteligência emocional, satisfação no trabalho e qualidade do serviço de retalho e a sua relação com o desempenho organizacional da empresa. A influência dos três factores ambientais, nomeadamente a inteligência emocional, a qualidade do serviço de retalho e a satisfação no trabalho no desempenho organizacional da empresa foi identificada através do desenvolvimento de um modelo teórico (modelo de desempenho organizacional) ligando as variáveis ambientais com o desempenho organizacional.

O modelo teórico (Fig. 5.8) foi testado utilizando a Modelação de Equações Estruturais (SEM). O modelo era um modelo SEM completo ligando as quatro variáveis latentes e inclui três modelos de medição: inteligência emocional, qualidade do serviço de retalho e satisfação profissional. Os resultados da SEM foram apresentados na Tabela 5.18.

Fig 5.8 Modelo de Desempenho Organizacional

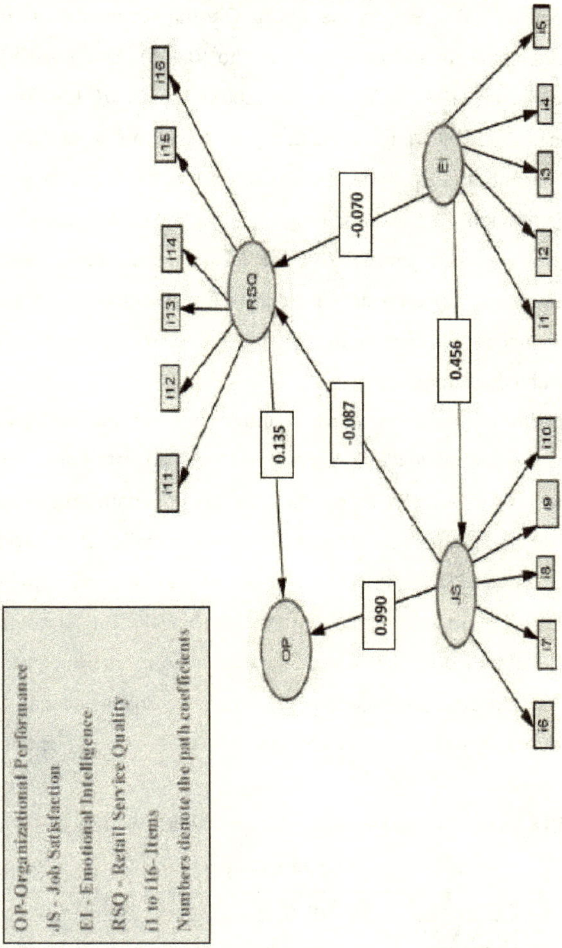

Desempenho OP-Organizacional JS - Satisfação no Trabalho

El - Emotional Intelligence RSQ - Serviço de Retalho de Qualidade de i!6- Artigos

Os pesos de regressão padronizados captaram o impacto de cada factor ambiental no desempenho organizacional da empresa retalhista. O estudo encontrou um impacto moderado da inteligência emocional na satisfação no trabalho (0,456). Este resultado foi semelhante com o estudo de Bar-on (1997), Chiva *et al.* (2008) Hajj *et al.* (2010) onde encontraram apenas uma relação moderada entre a satisfação no trabalho e a inteligência emocional. O presente estudo encontrou uma forte relação directa entre a satisfação no trabalho e o desempenho organizacional (0,990). Isto provou que empregados satisfeitos contribuem muito para o desempenho da organização. A maioria dos estudos relacionou o desempenho da loja com a satisfação no trabalho apenas através do desempenho no trabalho. Assim, a inteligência emocional influenciou indirectamente o desempenho organizacional através da satisfação no trabalho dos empregados.

O resultado também mostrou um impacto muito mínimo de inteligência emocional e satisfação profissional na qualidade dos serviços de retalho. Isto confirmou que, para além destes dois factores, poderia haver outros factores que poderiam influenciar a qualidade do serviço a retalho da empresa. O peso da regressão entre a qualidade do serviço de retalho e o desempenho organizacional foi de 0,135. Isto indicava que o impacto individual do serviço de retalho no desempenho organizacional era negligenciável. Mas o impacto conjunto da satisfação profissional e da qualidade do serviço de retalho foi muito elevado devido ao peso da regressão entre a satisfação profissional e o desempenho organizacional.

O quadro 5.18 descreve o impacto global das três variáveis ambientais no desempenho organizacional.

Tabela 5.18 Sumário do Modelo de Adaptação ao Modelo de Desempenho Organizacional

S. Não	Parâmetros	Valor
1.	CMIN $(x)^2$	329.718
2.	CMIN/DF	1.632
3.	NFI	0.505
4.	TPI	0.676
5.	RMSEA	0.036
6.	PCLOSE	1.000

Os resultados mostraram um valor RMSEA de 0,036 e PCLOSE de 1.000. Isto indicava que o modelo era um bom ajuste com a amostra. O valor PCLOSE de 1 indica que esta relação podia ser sentida em toda a população. Os valores de CFI (0,676) e NFI (0,505) por si só não eram significativos, pois o único valor acima de 0,95 considerado como a adequação do modelo. Mas o RMSEA foi considerado tão importante como os outros dois, ou seja, o CFI e o NFI. Segundo Rigdon (1996), a RMSEA, um índice recentemente originado, era adequado para confirmação do que o CFI. Assim, o valor RMSEA de 0,036 no presente estudo, apesar do baixo valor do CFI e NFI indicar a adequação do modelo.

Os resultados confirmaram que a satisfação profissional, a inteligência emocional dos empregados e a qualidade do serviço de retalho da loja afectam conjuntamente o desempenho organizacional da loja de retalho.

Como o modelo teórico que liga as variáveis nomeadamente inteligência emocional, satisfação no trabalho, qualidade do serviço de retalho e desempenho organizacional foi considerado um ajuste apropriado, a hipótese geral que declara que a satisfação no trabalho, qualidade do serviço de retalho e inteligência emocional através da satisfação no trabalho influenciam conjuntamente o desempenho organizacional da empresa de retalho é aceite. A relação individual entre os elementos satisfação profissional e inteligência emocional, inteligência emocional e qualidade do serviço de retalho, satisfação profissional e qualidade do serviço de retalho, satisfação profissional e desempenho organizacional, qualidade do serviço de retalho e desempenho organizacional é uma hipótese e as várias hipóteses formuladas (capítulo 1) foram testadas utilizando pesos de regressão obtidos da SEM, a fim de as apoiar ou rejeitar. Os detalhes são fornecidos abaixo

- O peso padrão da regressão entre a inteligência emocional e a qualidade do serviço a retalho foi de -0,070. Daí que a Hipótese 1 que afirma a influência da inteligência emocional na qualidade dos serviços a retalho seja rejeitada.
- O peso padrão da regressão entre a inteligência emocional e a satisfação no trabalho foi de 0,456. Isto indicava uma relação moderada de inteligência emocional com a satisfação no trabalho dos empregados. Daí que a Hipótese 2 afirmando a influência da inteligência emocional na satisfação no trabalho seja apoiada.
- O peso padrão de regressão entre a satisfação no trabalho e a qualidade do serviço a retalho foi de -0,087. Daí que a Hipótese 3, que afirma a influência da satisfação no trabalho na qualidade do serviço a retalho, seja rejeitada.
- O peso padrão da regressão entre a satisfação no trabalho e o desempenho organizacional foi de 0,990. Assim, a Hipótese 4, que afirma a influência da satisfação no trabalho no desempenho organizacional, é apoiada.
- O peso padrão da regressão entre a qualidade do serviço de retalho e o desempenho organizacional é de 0,135. Assim, a Hipótese 5, que declara a influência da qualidade do serviço de retalho no desempenho organizacional, é rejeitada.

5.3 Análise de lacunas

Neste estudo foi efectuada uma análise de lacunas para identificar a diferença entre o desempenho desejado e o existente. O desempenho desejado foi obtido através da realização da análise organizacional da empresa. A análise ambiental enumerava o desempenho existente dos empregados.

Tabela 5.19 Análise da lacuna

	Desempenho desejado	Desempenho Existente
Clientes	Serviço consistente para os clientes. Fornecer mais valor aos clientes	Os clientes não ficaram satisfeitos com a loja por não conseguirem localizar os produtos por eles exigidos.
Empregados	Proporcionar mais valor aos empregados	Os empregados da frente e de trás não ficaram satisfeitos com a remuneração

Assim, a análise organizacional trouxe à tona a visão, missão, valores e estratégia da empresa. O desempenho desejado da empresa era fornecer um serviço consistente aos clientes, fornecendo produtos de qualidade a um preço atractivo. Além disso, a empresa pretendia fornecer mais valor aos clientes e aos empregados.

A análise ambiental, contudo, mostrou que existe uma discrepância nos serviços relacionados com os produtos. Os clientes não ficaram satisfeitos com a loja por não conseguirem localizar os produtos por eles requeridos. Os clientes não estavam satisfeitos com os serviços como a entrega gratuita ao domicílio. As prateleiras da loja não eram mantidas adequadamente. Empregados na parte da frente

e os restantes não ficaram satisfeitos com o pagamento. Havia uma vaga no posto de CSS em três lojas. As lojas da concorrência eram na sua maioria preferidas pela disponibilidade do produto. Estas questões confirmam a presença de uma lacuna entre o desempenho desejado e o actual da empresa. O processo posterior de análise das causas apontaria as razões de tais lacunas presentes no sistema.

5.4 Análise da causa

A análise da causa trouxe à tona as razões para a diferença entre o desempenho desejado e o actual da empresa. O modelo ambiental organizacional foi utilizado para a análise de causas. O ambiente organizacional foi dividido em interno e externo. Os funcionários e a gestão eram os componentes do ambiente interno e os clientes e concorrentes formavam o ambiente externo. O diagrama de causa e efeito (diagrama de ossos de peixe) foi utilizado para apresentar as causas para o desempenho actual da organização. O resultado do diagrama de espinha de peixe (Fig. 5.9) foi o resultado de uma discussão com os clientes e os empregados e uma observação atenta das actividades da loja. As causas foram discutidas em equipamentos relacionados, relacionados com os clientes, relacionados com os empregados e relacionados com a administração.

Houve uma falha técnica num grupo gerador e o problema não foi rectificado durante 4 dias. Isto afectou as operações da loja durante as horas nocturnas, que eram a hora de ponta do negócio. As máquinas AC não estavam a funcionar. Assim, as frutas e legumes não estavam frescos nas lojas. A reparação frequente da máquina de facturação dificultava a facturação. Além disso, as ofertas dadas para os produtos não eram actualizadas na máquina de facturação. Durante os sábados e domingos, os clientes precisavam de esperar numa longa fila para a facturação. Falhas técnicas, como a reparação da máquina de passar, não foram imediatamente resolvidas. Devido a isso, os clientes que queriam pagar através de cartão de crédito abandonaram a loja sem comprar nada. A falta de veículo de entrega à porta impediu o serviço de entrega à porta.

As ofertas e descontos não eram devidamente afixados nas prateleiras. Assim, os clientes não estavam a par das ofertas. A presença de ofertas nos respectivos racks iria desencadear o cliente a comprar o produto. Os clientes esperavam um serviço de entrega porta-a-porta que estava ausente nas lojas. A razão era a falta de veículo para entrega porta-a-porta. As etiquetas de identificação indicando as várias secções podem ser de maior dimensão. Uma vez que a transacção em dinheiro é mais do que cartões de crédito, as lojas têm de manter moedas adequadas para pagar o montante do saldo. A falta deste arranjo com a loja irritou o cliente. A presença de uma loja exclusiva de frutas e legumes nas proximidades da Store 4 dificultou a circulação de legumes. Essa loja em particular poderia tentar concentrar-se noutros produtos. A falta de produtos, conforme exigido pelos clientes, fez com que estes se mudassem para outras lojas concorrentes.

Havia falta de papel de facturação numa loja e o gerente da loja correu para as lojas vizinhas que estavam a 8 kms de distância para ir buscar os papéis de facturação. Entretanto, os clientes perderam a paciência e ficaram irritados. Estes tipos de inconvenientes devem ser evitados mantendo os materiais necessários na loja. O local perto da facturação não era atractivo e arrumado. O balcão de facturação era o local onde os clientes passavam algum tempo. Este local devia conter alguns produtos como chocolates, etc., para atrair as crianças que acompanham os pais. .

As causas relacionadas com os empregados foram que entre as quatro lojas, excepto a Loja 2, todas as outras lojas não tinham supervisores. Os CSA e o gerente da loja eram frequentemente substituídos por novas caras. A mudança frequente de gestores de loja obstruía o funcionamento normal da loja, pois quando o novo gestor de loja tomou conhecimento do ambiente da loja, foi transferido para alguma outra loja. Um CSA experiente poderia desenvolver uma relação com o cliente e o cliente ficaria feliz se fosse reconhecido pelo CSA. A experiência máxima dos CSA foi de apenas um ano. A maioria deles tinha apenas três a seis meses de experiência. Estavam insatisfeitos com o pagamento. Tentaram comparar a sua remuneração com a das empresas concorrentes. O tempo de apresentação de relatórios dos CSA foi de 7.00 da manhã, mas eles apresentaram os seus relatórios às 9.00 da manhã. Os CSAs não tinham experiência em facturação. Apenas um a dois CSAs por loja conheciam a facturação. Quando o CSA que conhece a facturação deixou a loja às 16h00, não havia ninguém para facturar, o gestor da loja fez o trabalho da facturação. Isto dificultou o funcionamento da loja. A loja funcionava com os funcionários em part-time depois das 18.00 horas. A hora de ponta da loja era depois das 15.00 horas. Durante as horas de ponta após as 19.00 horas, os CSAs a tempo inteiro abandonavam a loja e o seu papel era substituído pelos a tempo parcial.

A sala do gerente da loja em algumas lojas era pequena e os CSAs têm dificuldade em ter um local de descanso durante a hora do almoço. Os CSAs não puderam descarregar o inventário chegado por causa do peso das cubas. Naquele momento de descarga havia apenas um ou dois CSAs para atender os clientes. Por vezes, os inventários chegavam duas vezes por dia.

Fig 5.9 Diagrama de Causa e Efeito (Espinha de Peixe)

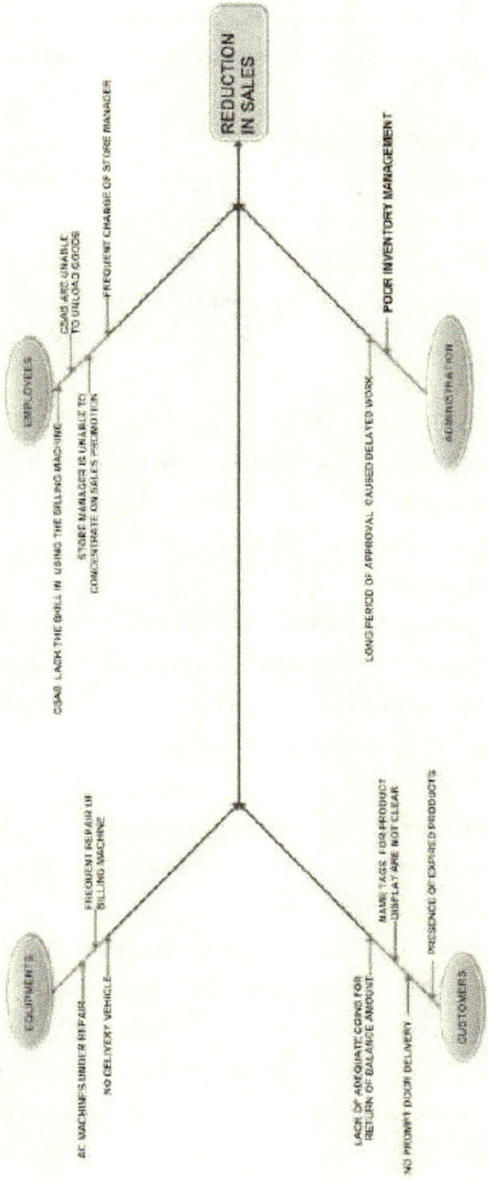

A questão dos inventários mais do que o necessário resultou em mais lixeiras. O espaço no chão foi ocupado com stock em inventário (não colocado na prateleira) o que impediu a livre circulação dos clientes na loja. O processo de aprovação das reparações foi demasiado longo, o que impediu o funcionamento da loja estava relacionado com causas orientadas para a gestão.

5.5 Selecção de Intervenções e Design e Desenvolvimento

As intervenções são acções planeadas para provocar mudanças no desempenho. São cuidadosamente identificadas de acordo com as necessidades do problema existente. A análise detalhada das causas levou à identificação de muitos problemas que dificultam o crescimento das respectivas lojas. Por conseguinte, as intervenções adequadas foram concebidas e discutidas abaixo

5.5.1 Formação

Assistentes de Serviço ao Cliente (CSA)

Deve ser dada formação aos CSAs que devem incluir os seguintes conteúdos.

- Conhecimento do produto
- Comportamento com os clientes
- Procedimentos de facturação

A presente formação permitiu que os CSAs tivessem conhecimentos sobre o conteúdo acima mencionado. Mas sempre que são nomeados novos CSAs, deve ser dada formação em serviço sob um CSA experiente e um supervisor. Devem ser autorizados a permanecer na melhor loja durante alguns dias para observar as operações do dia-a-dia da loja.

Gestor de loja

Os gerentes de loja precisam de ser treinados em técnicas de previsão da procura. Devem ser treinados em software de gestão de inventário, para além do software Trinetra existente.

5.5.2 Concepção do trabalho

Os CSAs devem ser responsabilizados pela manutenção de uma linha de produtos específica. Devem remover os produtos expirados, comunicar a falta de stocks e substituir por stocks frescos. O gestor da loja deve verificar com os CSAs sobre as suas respectivas linhas de produtos. O gerente da loja deve ter o poder de decidir sobre os produtos para ofertas e descontos. Os empregados front-end como gerente de loja, supervisor e CSAs devem receber um crachá. Isto dá um aspecto apresentável e cria um orgulho para os CSAs. As regras da empresa tinham insistido nos crachás e no uniforme, no entanto, nenhum desses uniformes foi usado pelo CSA durante o período do inquérito. Esta intervenção deve ser estritamente cumprida nas lojas tomadas para o estudo.

5.5.3 Ajudas ao trabalho

Deve ser feito o arranjo de veículos para entrega porta-a-porta para cada loja. A presença de um veículo para mais lojas dificultou o processo de entrega porta-a-porta. Deve ser atribuído um trabalhador separado para descarregar o inventário em cada loja. Ele pode acompanhar o veículo e pode fazer a descarga para todas as lojas. A verificação periódica de todas as máquinas, como a facturação, pode ser feita por um técnico. Um funcionário separado deve ser designado com a responsabilidade de receber as reclamações técnicas na sua respectiva área. O departamento informático pode atribuir a responsabilidade de receber e manter as máquinas de facturação a um funcionário por agrupamento. Os CSAs na secção de facturação devem assegurar a presença de alterações adequadas durante a abertura do balcão de facturação.

Poderia ser instalado um inventário de gestão de loja de retalho como o inventário de gestão de loja de retalho oracle para rastrear o inventário. Algumas das vantagens deste software são as seguintes

- Simplifica a gestão das despesas de armazém-trabalho para custos reduzidos
- Melhora o controlo da gestão do inventário, para reduzir os custos de transporte
- Evita a ruptura e o excesso de stock utilizando o rastreio do nível de localização na loja
- Ajuda a "salvar a venda", utilizando o acesso em tempo real ao inventário cruzado da loja
- Maximiza a disponibilidade do pessoal aos clientes para um melhor serviço e satisfação do cliente
- Simplifica os processos na loja para uma maior eficiência
- Minimiza a necessidade de formação extensiva do pessoal
- Permite o desempenho de funções comerciais de back-office em qualquer parte da loja
- Facilita a entrega rápida da mercadoria ao ponto de venda, para que os clientes encontrem os artigos que desejam
- Permite o seguimento do movimento de mercadorias dentro da cadeia de abastecimento para uma melhor visibilidade
- Ajuda a manter um inventário perpétuo preciso com capacidade de contagem total do inventário

5.5.4 Métodos de trabalho

O gerente da loja deve preparar o travessão com base na exigência do cliente dos produtos. Poderá ser feito um inquérito para prever as exigências do cliente em relação aos produtos para as respectivas lojas. Alguns produtos como a carne congelada movem-se como lixeira. A presença de lojas de carne fresca como a "Suguna" fez com que o cliente preferisse a carne fresca em vez da congelada. Estes tipos de produtos poderiam ser mantidos com base no número de vendas. Isto reduz as lixeiras. A previsão das mercadorias deve ser feita pelo gestor da loja com base nas vendas. É necessário fazer previsões semanais para os produtos de grande consumo e previsões diárias para frutas e legumes. O gestor da loja tem de prever o tipo e a quantidade de frutas e legumes que circulam rapidamente naquela loja em particular e tem de prever a necessidade para o dia seguinte.

5.5.5 Pessoal

O gerente da loja deve fixar o turno de trabalho para a CSA com base na rotação. O tempo de relato deve ser rigorosamente cumprido e intimado ao escritório zonal. Aos part-timeers que são estudantes universitários poderiam ser dados incentivos para maiores vendas. Podem ser absorvidos no fluxo regular após a sua licenciatura e promovidos directamente como supervisores com salários elevados devido à sua experiência.

5.5.6 Compensação e benefícios

A CSA responsável por uma determinada linha de produtos deve receber incentivos para a realização de vendas elevadas nessa linha de produtos em particular. Uma determinada percentagem deve ser fixada como incentivo para o gestor da loja e a sua equipa para atingir o objectivo, em vez de um determinado montante. A pontualidade de atendimento pode ser atribuída sob a forma de incentivos aos CSAs.

5.5.7 Comunicação organizacional

Pode ser atribuído um número separado para os CSA para expressar os seus problemas e sugestões. As caixas de sugestões podem ser colocadas nas lojas para os clientes registarem as suas queixas.

5.5.8 Intervenções ao nível da loja

A prateleira perto da secção de facturação deve ser mantida de forma limpa. Produtos como chocolates, recém-chegados e produtos com descontos podem ser colocados perto do balcão de facturação. O cliente espera algum tempo perto do balcão de facturação. Assim, a presença destes produtos pode induzir o cliente a comprar. As crianças que acompanham os seus pais podem ser atraídas para os chocolates perto da secção de facturação. Uma secção de padaria pode ser introduzida na Loja 3 que está localizada nos arredores, onde não existem boas lojas de bolos nas proximidades. Deve ser colocado um local separado para armazenar o inventário, em vez de o colocar no espaço do piso. Deve ser atribuído um local de descanso adequado para os CSAs, a fim de manter a sua privacidade.

As conclusões gerais são consolidadas e apresentadas na Fig. 5.10. A análise organizacional indicou que as lojas de retalho tinham a missão de proporcionar um valor superior a todos os titulares de participações. A visão das lojas é fornecer uma experiência de compra diferente aos clientes. A análise ambiental revelou que os clientes estavam insatisfeitos com os serviços relacionados com os produtos. Os concorrentes das lojas eram na sua maioria preferidos pelos clientes pela disponibilidade dos produtos. Apenas 17% dos empregados de front-end que tinham contacto directo com os clientes tinham um baixo nível de inteligência emocional. Os empregados da frente - extremidade estavam insatisfeitos com a faceta salarial da satisfação profissional e os empregados da retaguarda estavam insatisfeitos com as facetas salariais e promocionais da satisfação profissional. A análise das causas revelou problemas como a ausência de entrega ao domicílio, falta de frescura nas frutas e legumes, excesso e falta de stocks, presença de mais lixeiras, má manutenção das máquinas, mudança frequente de empregados, etc. Foram identificadas intervenções importantes como a formação dos empregados de front-end, concepção do trabalho, concepção do trabalho, métodos de trabalho, pessoal, remuneração e benefícios e comunicação organizacional a nível das lojas para melhorar o desempenho global das lojas de retalho.

Fig 5.10 Modelo alterado de ISPI HPT para o sector retalhista (Outcome)

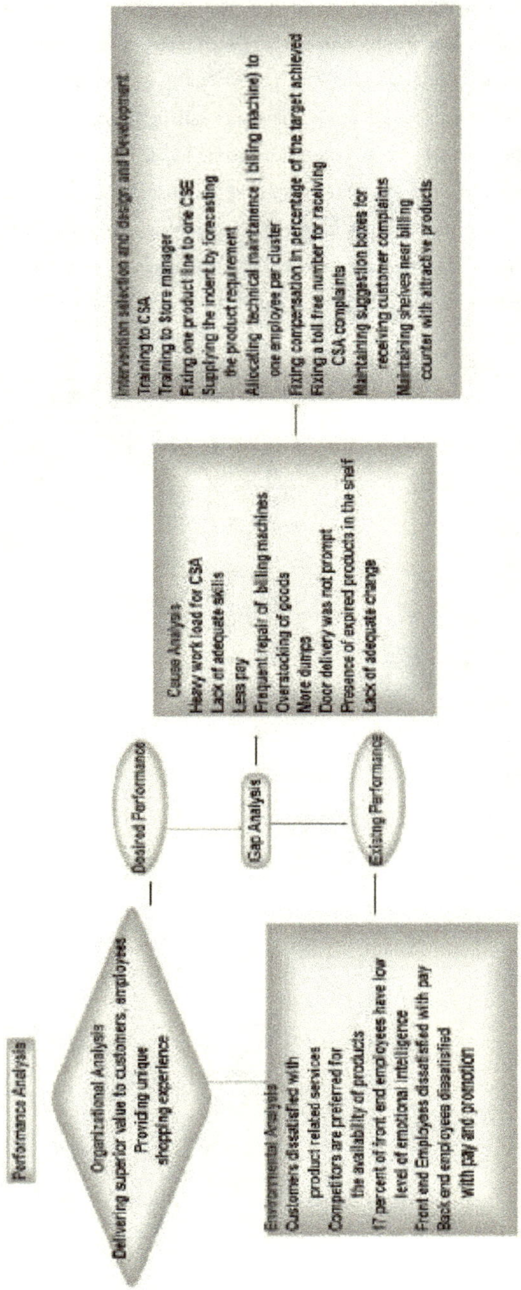

CAPÍTULO VI

RESUMO E CONCLUSÃO

Alcançar um maior desempenho organizacional é o objectivo final de qualquer organização empresarial. Também assegura a solidez financeira do negócio. A medição do desempenho é um dos métodos para identificar o crescimento de uma organização, em vez das suas metas e objectivos planeados. Os gestores precisam de identificar os factores que determinam o desempenho da organização. Os métodos para melhorar o desempenho da organização devem ser rastreados em benefício da organização. O presente estudo conceptualizou esse desempenho organizacional no contexto de uma abordagem comportamental. O objectivo final de medir o desempenho organizacional é conhecer o nível actual de desempenho e identificar estratégias para o melhorar. Muitas técnicas como a gestão da qualidade total por Deming, conceitos Kaizen, reengenharia de processos empresariais, melhoria de processos empresariais, etc. foram desenvolvidas para resolver as questões de desempenho. Todos estes métodos visavam a melhoria do desempenho através de processos operacionais. TQM incluiu a parte humana um pouco mas não saudável. Por conseguinte, é feita uma tentativa de identificar uma tecnologia de desempenho que possa captar o comportamento humano numa organização. A tecnologia de desempenho humano (HPT) é considerada o processo mais adequado para satisfazer a condição acima mencionada.

O complexo ambiente empresarial devido a fusões e aquisições desenvolveu problemas como as questões culturais, a diversidade, que estão relacionadas com a pessoa e, portanto, dificultam a melhoria do desempenho da nova organização. Além disso, o actual cenário empresarial é muito complexo e a sobrevivência do mais apto ganharia a corrida. Assim, é necessária uma ferramenta única para a resolução sistemática de problemas empresariais. O HPT serviu para ser a ferramenta inclusiva, sistemática, sistémica e orientada para o modelo. A Tecnologia de Performance Humana é uma colecção de princípios de diferentes disciplinas como teoria do comportamento, análise de sistemas, comunicação, psicologia educacional, psicologia, ciências de gestão, desenvolvimento organizacional, concepção e tecnologia de sistemas instrucionais, etc. O campo do HPT desenvolveu-se ainda mais com um grande número de modelos de HPT. Os modelos de HPT tinham sido inicialmente retirados do processo de desenho instrucional, uma vez que os primeiros profissionais eram desse campo. Mais tarde, os praticantes começaram a desenvolver os seus próprios modelos.

Os modelos HPT desenvolvem intervenções para a melhoria do desempenho. O conceito tem sido testado em diferentes campos como marketing, militar, serviço policial, empresa de serviços, empresa de computadores, etc. Os resultados obtidos foram enormes. A instituição International Society for Performance Improvement (ISPI) serviu de meio viável para enriquecer o crescimento do HPT através do desenvolvimento de Técnicos Certificados de Desempenho (CPTS).

Este estudo tentou assim diagnosticar o desempenho organizacional de um super mercado que vende alimentos e mercearia utilizando a Tecnologia de Desempenho Humano. A indústria de retalho indiana tinha mostrado um progresso notável nos últimos anos. Está classificada como a quinta maior do mundo. Entre os diferentes segmentos da indústria de retalho, o retalho alimentar e de mercearia ocupava cerca de 59 por cento do retalho organizado na Índia. Tinha ocupado o segundo maior contribuinte de cerca de 24.273 Rs. durante o ano financeiro de 2010. Este sector enfrentou muitos desafios como questões relativas à cadeia de abastecimento, regulamentos governamentais, desgaste, etc. Cada empresa tentou maximizar as suas vendas para ganhar a corrida do retalho. De acordo com este cenário, muitos estudos de desempenho no sector retalhista acrescentariam mais valor para compreender as questões básicas e possíveis intervenções específicas a cada entidade empresarial.

Com as informações de base acima referidas, este estudo visava diagnosticar o desempenho de uma organização. Os objectivos específicos do estudo eram realizar a análise organizacional, realizar a análise ambiental que compreendia empregados e clientes, realizar a análise das causas e sugerir intervenções adequadas para melhorar o desempenho organizacional.

O estudo foi realizado durante o período de Outubro de 2011 a Março de 2012 na cidade de Coimbatore em Tamil Nadu. Havia oito "Mais" super-mercados a funcionar na cidade. Destas lojas, o estudo foi realizado em quatro lojas de retalho organizadas localizadas em Thudialur, colónia de Saibaba, Vadavalli e Ganapathy. As lojas foram seleccionadas com base nas vendas. Os inquiridos do estudo foram 60 clientes seleccionados aleatoriamente de cada loja e todos os empregados (35) da loja foram contactados. Além disso, todos os empregados do escritório da zona (20) foram também entrevistados. Os dados primários foram recolhidos através de entrevista pessoal com questionários estruturados. As actividades diárias da loja foram observadas para conhecer o comportamento dos funcionários com os clientes e para conhecer os problemas nas operações da loja.

A selecção de um modelo de HPT adequado foi importante depois de estudar cuidadosamente a organização e o seu problema de desempenho. A revisão bibliográfica ajudou na selecção do modelo tradicional de HPT desenvolvido pela Sociedade Internacional para a Melhoria do Desempenho (ISPI). O modelo de HPT da ISPI assim seleccionado foi ligeiramente modificado para se adequar às lojas de retalho seleccionadas. Este modelo original consistiu em cinco fases: análise do desempenho (1), análise das causas (2), concepção e desenvolvimento da selecção da intervenção (3), implementação e modificação da intervenção (4) e avaliação (5). Mas o período de estudo limitou o investigador a concluir até à fase de concepção e desenvolvimento da selecção da intervenção para melhorar o desempenho organizacional das empresas estudadas.

A análise do desempenho foi o primeiro passo no modelo HPT. Este passo abrangeu a análise organizacional e a análise ambiental. A análise organizacional é o exame do material de modo a que os planos estratégicos sejam feitos com base na visão, missão, valores, objectivos e estratégias organizacionais. Os detalhes necessários para realizar a análise foram elucidados através de entrevista com os gestores e com base nos relatórios de vendas. Esta análise produziu o desempenho desejado da empresa. A análise ambiental foi um processo para localizar os inputs necessários e o ambiente ligado ao verdadeiro desempenho. Isto facilitou o conhecimento do actual nível de desempenho e dos factores responsáveis por ele.

A análise ambiental também compreendia ambiente organizacional, ambiente de trabalho, trabalho e empregado. O ambiente organizacional neste estudo é avaliado através dos principais intervenientes da empresa, nomeadamente clientes e concorrentes. A Qualidade do Serviço de Retalho (RSQ) serviu como dimensão quantitativa para avaliar o valor do serviço prestado pela organização de serviços aos clientes. Esta dimensão é medida através de entrevistas aos clientes utilizando a Escala de Qualidade de Serviço de Retalho desenvolvida por Dabholker *et al.* (1996). Contudo, no presente estudo, baseado nos resultados do estudo piloto realizado utilizando a escala RSQ original, é aplicada uma RSQS modificada. A escala também foi refinada através da realização de uma análise exploratória de factores. Finalmente, a escala refinada teve seis dimensões, tais como aspectos físicos, confiança inspiradora, cortesia, resolução de problemas, política e serviços relacionados com produtos. A escala final com as seis dimensões foi aplicada no campo e validada utilizando a Modelação de Equações Estruturais (SEM).

A SEM tornou-se uma metodologia popular para a investigação não experimental, onde os métodos para testar teorias não estavam bem desenvolvidos e considerações éticas inviabilizam a concepção experimental. Existem dois tipos de modelos de SEM, nomeadamente o modelo de medição e o modelo de variáveis totalmente latentes. A SEM tentou trazer à tona a relação subjacente entre as variáveis observadas e latentes. A variável observada é medida directamente e as construções teóricas que não podem ser observadas directamente são chamadas variáveis latentes. A construção não observável, que consistia nos indicadores reflexivos e no termo de erro para cada indicador, foi chamada de construção reflexiva. Os indicadores que determinam uma construção são denominados indicadores causais ou formativos. As construções constituídas por estes indicadores causais, juntamente com um termo de perturbação, foram chamadas construções formativas ou variáveis compostas. Vários programas de computador como Lisrel, Amos, M-Plus foram utilizados para analisar os modelos de equações estruturais. O presente estudo utilizou AMOS (Análise de estruturas de momento) versão 20 para testar o SEM. A bondade dos índices de ajuste para estimativas de SEM foram CMIN (x^2), Índice de Ajuste Normalizado (NFI), Índice de Ajuste Comparativo (CFI) e Erro de Aproximação da Raiz Média Quadrada (RMSEA), etc. Houve várias abordagens à pesagem de itens individuais da balança na SEM. Estas abordagens incluem a agregação total, desagregação total, desagregação parcial, e agregação parcial. O presente estudo utilizou a abordagem de desagregação parcial. O modelo que representa a Qualidade do Serviço de Retalho é um modelo de medição. As lojas tomadas para o estudo foram comparadas com os seus concorrentes utilizando a técnica de classificação Garrett. Os atributos como preço acessível, ofertas promocionais, qualidade do produto de serviço ao cliente e disponibilidade do produto foram utilizados para comparar a empresa com os seus concorrentes.

Foi tomado cuidado na selecção dos elementos/variáveis para estudar a componente do empregado, ou seja, a satisfação no trabalho e a inteligência emocional do empregado. A satisfação no trabalho foi medida utilizando o Job Descriptive Index (JDI). O JDI mediu as cinco facetas da satisfação no trabalho, nomeadamente o próprio trabalho, salário, promoção, co-trabalhadores e supervisão. O instrumento JDI tinha 72 itens com cada faceta contendo dezoito itens excepto salário e promoção. A remuneração e a promoção continham nove itens cada. Além disso, uma escala global, nomeadamente trabalho em geral com dezoito itens, foi também incluída na escala do JDI. A presente investigação seleccionou um instrumento chamado Deepa Krishnaveni Emotional Intelligence Test (DKEIT) para medir a inteligência emocional do funcionário. De acordo com este instrumento, a inteligência emocional consistia em três componentes, nomeadamente percepção, avaliação e regulação. O impacto destas variáveis ambientais, nomeadamente inteligência emocional, qualidade dos serviços de retalho, satisfação profissional no desempenho organizacional, foi posteriormente testado através do enquadramento de um modelo teórico que as liga. Este modelo que estabelece a relação entre o desempenho organizacional, a inteligência emocional, a qualidade dos serviços de retalho e a satisfação no trabalho é definido no estudo como modelo de variável latente completa.

Além disso, a primeira fase foi seguida pela análise das lacunas. A análise das lacunas identificou a diferença entre o desempenho desejado e o existente. A segunda fase foi a análise das causas, o processo de determinação da(s) causa(s) raiz(s) das lacunas de desempenho passadas, presentes ou futuras. Foi desenvolvido no estudo um novo modelo, nomeadamente o Modelo de Ambiente Organizacional, para a realização desta análise de causas. Os resultados da análise das causas foram representados sob a forma de um diagrama de espinhas de peixe. O diagrama ilustrou as principais causas e sub causas conducentes a um efeito (sintoma). A terceira fase do modelo HPT, ou seja, as intervenções específicas a quatro lojas foram identificadas e concebidas.

Achados salientes

As constatações incluíam os resultados das três fases do modelo ISPI HPT aplicado no super mercado. A análise organizacional baseada na missão e visão da organização indicou que as lojas retalhistas tinham a missão de proporcionar um valor superior a todos os detentores de participações. A visão da empresa era fornecer uma experiência de compra diferente aos clientes. Os valores eram a integridade, o compromisso, a paixão, a ausência de costura e a rapidez.

A análise ambiental consistiu nos detalhes do ambiente organizacional, do ambiente de trabalho e dos empregados. O ambiente organizacional era composto pelos vários intervenientes da organização, nomeadamente clientes e concorrentes. O ambiente organizacional é avaliado através dos detalhes demográficos dos clientes, da qualidade do serviço de retalho das lojas e das opiniões dos clientes sobre os concorrentes.

Do total de clientes da amostra, 52% dos clientes eram homens e 48% eram mulheres. Entre os diferentes grupos etários de clientes que visitaram as quatro lojas, 67% dos clientes pertenciam ao grupo etário entre os 16 e os 45 anos. Entre estes clientes, 47% dos clientes entre o grupo etário dos 26 e 45 anos visitaram a loja para a compra de mercearias e 20% dos clientes entre os 16 e os 25 anos visitaram a loja para a compra de produtos de cuidado da pele. Houve também clientes de 56 a 75 e o seu interesse principal era a compra de frutas e legumes. O nível de alfabetização dos clientes foi avaliado e 40% dos inquiridos eram licenciados, 21% tinham pós-graduação e seguidos por clientes que completaram o ensino escolar (22%). O estatuto profissional mostrou que 36% eram donas de casa e 33% estavam empregadas, seguidas por trabalhadores por conta própria (12%), estudantes (11%) e reformadas (8%).

A qualidade do serviço de retalho de uma empresa indicou que as pontuações relacionadas com a aparência física, inspirando confiança, cortesia e política eram semelhantes em todas as quatro lojas, mas existiam diferenças nas pontuações na resolução de problemas e serviços relacionados com produtos. A maioria dos clientes considerou que os produtos necessários e também o tamanho exigido não estavam disponíveis em todas as lojas. Os clientes consideravam que a loja mantinha mais marcas de marca privada do que as marcas populares. Observações mais sérias sobre esta dimensão revelaram também a presença de produtos expirados nas prateleiras, a quantidade de descontos e ofertas não eram devidamente comunicadas aos clientes, existência de diferenças nas ofertas de desconto entre as lojas, manutenção inadequada das prateleiras. Além disso, a disposição das prateleiras e do stock - em inventário - dificultava a movimentação dos clientes dentro da loja de retalho.

A contribuição de cada dimensão para a qualidade do serviço de retalho das lojas foi encontrada através do desenvolvimento de um modelo teórico ligando as seis dimensões com a qualidade do serviço. A modelação da equação estrutural da escala da qualidade do serviço de retalho produziu um valor x^2 de 9,8, RMSEA 0,02, NFI 0,966 e valor CFI 0,997. Isto confirmou a dependência da qualidade do serviço a retalho em relação às seis dimensões e variou de acordo com elas. O peso de regressão dos itens das cinco dimensões, nomeadamente a aparência física (0,246) inspirando confiança, (0,291) cortesia, (0,264) resolução de problemas (0,223) e política (0,124) foram inferiores aos serviços relacionados com o produto (0,348). Os pesos de regressão entre os artigos e a dimensão mostraram os pesos dos artigos na medição da sua respectiva dimensão.

Com referência aos concorrentes, cinco atributos como preço, ofertas, serviço, qualidade e disponibilidade do produto foram utilizados para comparar as lojas seleccionadas com os seus concorrentes. As lojas de amostra foram classificadas em primeiro lugar pelos clientes para o fornecimento de produtos de qualidade. O serviço prestado e a disponibilidade do produto foram classificados em segundo e terceiro lugar pelos clientes que visitaram as lojas. Por outro lado, as lojas geridas pelos concorrentes foram classificadas em primeiro lugar pela disponibilidade dos produtos que os clientes esperavam, enquanto a qualidade e o serviço foram classificados em segundo e terceiro, respectivamente.

O ambiente de trabalho sob análise ambiental compreende a estrutura organizacional, as responsabilidades de trabalho e de trabalho e os objectivos de trabalho. A empresa retalhista para efeitos de administração foi dividida em diferentes zonas. As zonas foram divididas em clusters. Três aglomerados formaram uma zona. Cada aglomerado era composto por oito lojas. O aglomerado Coimbatore é gerido por um Gestor Adjunto, um Gestor de Cluster, um Gestor de RH, um Gestor de Merchandising, um Gestor de Centro de Distribuição e um Gestor de Centro Informático. Um centro de distribuição localizado em Coimbatore forneceu o inventário a todas as lojas do aglomerado Coimbatore. O gestor da loja, o Supervisor de Serviço ao Cliente (CSS) e os Assistentes de Serviço ao Cliente (CSA) realizaram as operações frente - verso - verso. Os papéis dos empregados da frente - extremidade influenciaram directamente o desempenho da loja.

A estrutura organizacional da empresa revelou que, excepto a Loja 2, todas as outras três lojas não tiveram supervisores durante os últimos seis meses. Duas das lojas (Loja 3 e Loja 4) eram geridas por estagiários do comércio a retalho fresco, em vez de gestores de loja. Os gestores da Loja eram os únicos responsáveis pelas lojas. O trabalho diário dos CSAs consistia em substituir as mercadorias expiradas, manutenção do espaço, verificação do inventário, descarga do inventário, facturação e atendimento aos clientes. O desenvolvimento da carreira na empresa retalhista baseava-se puramente no desempenho. A classificação anual dos funcionários era feita utilizando o cartão de pontuação de saldo. A classificação era feita para gestores de lojas e outros empregados na parte de trás. Os CSAs foram avaliados pelo gestor da loja.

Os empregados das lojas de retalho pertenciam a três grupos etários. A maioria dos empregados do front-end pertencia ao grupo etário dos 16-25 anos (69 por cento), seguido pelo grupo etário dos 26-35 anos (23 por cento). Quase 65 por cento dos empregados de retaguarda pertenciam ao grupo etário dos 26-35 anos. O sexo destes empregados revelou que a maioria dos empregados do front end eram do sexo feminino (71%) e todos os empregados do back-end eram do sexo masculino. Cerca de 80 por cento dos empregados da linha da frente só foram educados até ao nível escolar. A qualificação escolar dos empregados de back-end era relativamente mais elevada, uma vez que 60% dos empregados de back-end tinham menos de um ano de escolaridade. Quase 91% dos empregados da frente - empregados da frente tinham uma experiência de menos de um ano e apenas nove por cento tinham uma experiência de mais de um ano.

A inteligência emocional dos empregados revelou que 40 por cento dos empregados da frente - empregados finais tinham um nível médio de inteligência emocional e 17 por cento dos empregados da frente tinham um baixo nível de inteligência emocional. Cerca de 75% dos empregados da retaguarda - extremidade tinham um nível médio alto (35%) e alto (40%) de inteligência emocional. Os componentes individuais da inteligência emocional - percepção, avaliação e regulação e satisfação profissional - foram analisados com a idade, sexo, educação e experiência de todos os empregados. Verificou-se que as componentes de avaliação e regulação da inteligência emocional eram positivamente influenciadas pela educação. A experiência dos empregados influenciou fortemente a satisfação no trabalho com respeito aos colegas de trabalho e ao trabalho. Existia uma diferença significativa na inteligência emocional entre os empregados e as funcionárias.

Os resultados da avaliação do nível de satisfação profissional dos empregados indicaram que entre as cinco facetas da satisfação profissional, os empregados da frente - extremidade estavam altamente satisfeitos (100%) com os seus colegas de trabalho (JSCO). Cerca de 57% estavam moderadamente satisfeitos e 43% estavam altamente satisfeitos com o seu trabalho (JSW). Mas a maioria dos trabalhadores da frente (63%) estava moderadamente insatisfeita com o salário (JSPAY) enquanto 10% dos trabalhadores da retaguarda estavam moderadamente insatisfeitos com o salário e a promoção (JSPAY e JSPRO). A maioria deles (90%) estava altamente satisfeita com os trabalhadores temporários e com o trabalho (JSCO e JSW).

O impacto das três variáveis ambientais inteligência emocional, qualidade do serviço de retalho e satisfação profissional no desempenho organizacional da empresa foi encontrado através do desenvolvimento de um modelo teórico que liga as variáveis ambientais ao desempenho organizacional. O estudo encontrou um impacto moderado da inteligência emocional na satisfação no trabalho (0,456), uma forte relação directa entre a satisfação no trabalho e o desempenho organizacional (0,990), uma influência mínima da inteligência emocional e da satisfação no trabalho na qualidade do serviço de retalho. Além disso, constatou-se que a influência da qualidade dos serviços de retalho no desempenho organizacional foi negligenciável. Mas o modelo geral que liga a inteligência emocional, a satisfação profissional e a qualidade do serviço de retalho ao desempenho organizacional mostrou um valor X^2 de 328,71, CFI 0,676, NFI 0,505 e um valor RMSEA de 0,036 e considerado adequado. Isto confirmou que todos os três elementos influenciaram fortemente o desempenho organizacional da empresa retalhista. Os valores de CFI e NFI por si só não foram significativos, uma vez que o valor acima de 0,95 indicava a adequação do modelo. Mas a RMSEA foi considerada mais importante do que os outros dois. De acordo com Rigdon 1996 RMSEA, um índice recente originado foi adequado para confirmação do que o CFI. O valor RMSEA de 0,036 que era inferior a 0,05 (o valor de ajuste) além do baixo valor de CFI e NFI indicava a adequação do modelo.

Também existia uma lacuna entre a visão e o desempenho existente. Actualmente, as lojas não foram capazes de atingir o objectivo de vendas. Os clientes não estavam satisfeitos com a disponibilidade dos produtos. Alguns empregados estavam insatisfeitos com a remuneração. O desempenho esperado das lojas estava a atingir o objectivo de vendas. A análise da causa foi feita através da análise do ambiente organizacional das lojas, que foi dividido em interno e externo. Os empregados e a direcção eram os componentes do ambiente interno e os clientes e concorrentes serviam o ambiente externo.

Para além disso, a análise das causas deu origem a certos problemas. Não houve entrega de mercearia à porta, falta de frescura nas frutas e legumes, excesso e falta de stock, presença de mais lixeiras, má manutenção das máquinas, mudança frequente de empregados, etc.

A conclusão geral do estudo poderia ser que a classificação etária dos visitantes transmitia a informação relativa à gama de produtos a manter nessa loja específica para atrair mais clientes pertencentes a esse grupo etário. Os clientes idosos esperavam um melhor serviço como ajudar a identificar o produto. A entrega gratuita ao domicílio é preferida pela maioria dos clientes. Também se observa que os consumidores queriam uma experiência de compra diferente. Esperavam uma compra descontraída de alimentos e mercearia com a sua família. Preferiam que um super mercado não só servisse os produtos necessários, mas também um local confortável para visitar. Os detalhes demográficos como idade, sexo, educação e ocupação ajudariam o retalhista a decidir a gama de produtos e as expectativas dos clientes. Além disso, os detalhes profissionais dos consumidores ajudariam a fixar o horário da loja e a decidir os requisitos do produto.

Os resultados da análise do factor de confirmação provaram que a Escala de Qualidade de Serviços de Retalho para um super mercado em condições indianas poderia ser de seis dimensões, nomeadamente aparência física, inspirando confiança, cortesia, resolução de problemas, política e serviços relacionados com produtos. A loja tomada para estudo variou na dimensão dos serviços relacionados com o produto. Os resultados também confirmaram que a dimensão relacionada com o produto contribuiu fortemente para a qualidade do serviço de retalho da empresa em comparação com as outras cinco dimensões. Por conseguinte, esta dimensão deve ser concentrada para melhorar a qualidade do serviço de venda a retalho. Verificou-se que os clientes preferiam uma determinada loja pela sua vasta gama de produtos e outras comodidades fornecidas. A falta dos produtos necessários na prateleira da loja poderia reduzir a frequência da visita do cliente à loja. Os pesos de regressão entre os artigos e a dimensão dos serviços relacionados com o produto indicavam que poderiam ser acrescentados mais alguns artigos para medir os serviços relacionados com o produto. Os concorrentes estavam mais avançados do que as lojas retalhistas seleccionadas na entrega dos produtos certos exigidos pelos clientes. As lojas de amostra devem tentar fornecer os produtos requeridos pelos clientes para evitar que estes mudem para outras lojas.

A nomeação de estagiários de retalho numa loja em vez de um gestor de loja regular não é uma boa táctica, uma vez que a gestão da loja precisa de um gestor de loja experiente. Um estagiário mais fresco tem de ser posicionado como estagiário de comércio a retalho numa loja bem executada sob a direcção do gestor de loja antes de ser colocado como um gestor de loja regular ou de confiar as responsabilidades como gestor de loja a estes estagiários. A maior parte dos empregados da frente - empregados finais tinham menos experiência na loja. A mudança frequente de empregados da frente - extremidade (novos recrutas) dificultou as vendas das lojas. A inteligência emocional aumentou obviamente com o nível de instrução dos empregados. Empregados ao nível do piso eram as pessoas que lidavam directamente com os clientes. A insatisfação existente a nível salarial poderia levar à deslocação destes empregados para outras lojas. Como a relação interpessoal é crucial no sector retalhista, estes empregados poderiam atrair os clientes para o seu novo local de trabalho. Os empregados a nível administrativo podem ser retidos, proporcionando amplas oportunidades de promoção. Além disso, o nível de insatisfação em relação ao salário e à promoção entre os empregados de retaguarda - finais era apenas baixo. No entanto, devem ser tomadas medidas para a sua correcção. A inteligência emocional influenciou indirectamente o desempenho organizacional através da satisfação profissional dos empregados. O presente estudo encontrou uma forte ligação directa entre a satisfação no trabalho e o desempenho organizacional. O resultado também mostrou um impacto muito mínimo da inteligência emocional e satisfação no trabalho na qualidade do serviço de retalho. Isto confirmou que, para além destes dois factores, poderiam existir outros factores que também influenciaram a qualidade do serviço de retalho da empresa. O impacto conjunto da satisfação profissional e da qualidade do serviço de retalho foi muito elevado devido ao peso da regressão entre a satisfação profissional e o desempenho organizacional. Como o modelo teórico que liga as variáveis satisfação no trabalho, inteligência emocional da qualidade do serviço de retalho e desempenho organizacional foi considerado um super ajuste, foi aceite a hipótese geral que estabelecia a relação entre a qualidade do serviço de retalho da satisfação no trabalho e as variáveis do desempenho organizacional. A análise da causa trouxe à tona muitas causas do ambiente interno e externo das lojas, a saber, gestão, empregado, técnico e cliente. Estas causas conduziram à redução das vendas das lojas, conforme observado através deste estudo de investigação.

Intervenções e implicações do estudo

Com base nos resultados do estudo, as intervenções foram concebidas para resolver os problemas de desempenho. Tais intervenções são as acções destinadas a provocar mudanças no desempenho. As intervenções identificadas foram nas linhas de formação, concepção do trabalho, concepção do trabalho, métodos de trabalho, pessoal, compensação e benefícios, comunicação organizacional e a nível de loja.

É necessário organizar formações para os assistentes de serviço ao cliente (CSA). A orientação deve incluir o conhecimento do produto, o comportamento com os clientes e os procedimentos de facturação. Os Gestores de Loja precisam de ser treinados na área de estimativa e previsão da procura. Devem ser treinados em software de gestão de inventário, para além do software Trinetra existente.

Os assistentes de serviço ao cliente devem ser responsabilizados pela manutenção de uma determinada linha de produtos. Os Gestores de Loja têm de monitorizar os CSAs sobre as suas respectivas linhas de produtos. Deve ser dado ao gerente da loja o poder de decidir sobre os produtos para ofertas e descontos. Os empregados front-end como gerente de loja, supervisor e CSAs devem ser um crachá com nome próprio. Isto dá um aspecto apresentável e

cria um orgulho para os CSA, além de uma fácil identificação do pessoal pelos clientes.
Deve ser feito o arranjo de veículos para entrega porta-a-porta para cada loja. Deve ser atribuído um trabalhador separado para descarregar o inventário em cada loja. A verificação periódica de todas as máquinas, como a facturação, pode ser feita por um técnico. Deve ser designado um funcionário separado com a responsabilidade de receber as reclamações na sua respectiva área. Um inventário de gestão de loja de retalho, como o inventário de gestão de loja de retalho do Oráculo, pode ser instalado para rastrear o inventário.

O gerente da loja deve preparar o travessão com base na exigência do cliente dos produtos. Poderia ser feito um inquérito local para prever as exigências dos clientes dos produtos para as respectivas lojas e também para melhorar os métodos de trabalho.

O gerente da loja deve fixar o turno de trabalho para a CSA com base na rotação. Aos trabalhadores a tempo parcial (estudantes universitários) poderiam ser dados incentivos para maiores vendas. Podem ser absorvidos no fluxo regular após a sua licenciatura e promovidos directamente como supervisores com salários elevados devido à sua experiência.

Uma determinada percentagem deve ser fixada como incentivo para o gestor da loja e a sua equipa atingirem o objectivo, em vez de um determinado montante. Pode ser atribuído um número separado para que os CSA possam expressar os seus problemas e sugestões ao escritório regional.

A prateleira perto da secção de facturação deve ser mantida de forma limpa. Produtos como chocolates, recém-chegados e produtos com descontos podem ser colocados perto do balcão de facturação. Pode ser introduzida uma secção de padaria separada. Deve ser colocado um local separado para armazenar o inventário, em vez de o colocar no espaço de chão.

Perspectivas e aplicações futuras

O presente estudo abriu uma nova via para melhorar o desempenho das organizações através da aplicação de um conceito ocidentalizado de Tecnologia de Desempenho Humano. O modelo utilizado para o estudo pode ser aplicado em qualquer sector retalhista, para além da alimentação e da mercearia. A Escala de Qualidade do Serviço de Retalho validada para o super-mercado pode ser experimentada para hipermercados indianos. A nova dimensão dos serviços relacionados com os produtos acrescentada à escala de qualidade dos serviços de retalho pode ser ainda mais reforçada com a adição de mais artigos. Estudos futuros podem incorporar o desempenho dos empregados como um dos elementos ambientais ao mesmo tempo que se estuda o desempenho organizacional. O modelo HPT pode ser aplicado a outras áreas como a agricultura, organizações governamentais e indústrias transformadoras como a têxtil, o sector dos serviços, incluindo a banca, etc.

BIBLIOGRAFIA

Ahmad, S., Bangash, H., Khan, S. A., & outros. (2009). Inteligência emocional e diferenças de género. *Sarhad Journal of Agriculture, 25*(1), 127-130.

Abraham, R. (2000), The role of job control as a moderator of emotional dissonance and emotional intelligence - outcome relationships. *The Journal of Psychology*, 134 (2), 169-84.

Ahn, C.-K., Kang, C., Park, J.-H., & Rim, S. T. (2009). Uma aplicação da tecnologia de desempenho humano: Um estudo de caso na LG CNS. *Journal of Service Science, 1*(2), 211-225.

Ainsworth, D. (1979). Tecnologia de desempenho: Uma vista do fo'c'sle. *Jornal NSPI*, 18(4), 3-7.

Akaike, H. (1987). Análise dos factores e AIC. *Psychometrika*, 52, 317-332.

Atkinson, V., & Chalmers, N. (1999). Consultoria de desempenho: Obtenha o seu crédito dos seus clientes. *Performance Improvement*, 38(4), 14-19.

Amy W, & Sohal, A (2003). Qualidade de Serviço e Perspectivas de Lealdade do Cliente em Dois Níveis de Relações de Retalho. *Journal of Services Marketing*, 17 (5), 495-513.

Bagozzi, R. P. e Foxall, G. R.(1996). Construct validation of a measure of adaptive-innovative cognitive styles in consumption, *International Journal of Research in Marketing*, 13, 201-213

Bagozzi, R.P. e Heatherton, T.F.(1994). Uma abordagem geral para representar a personalidade multifacetada constrói a aplicação para afirmar a auto-estima. *Modelação de Equações Estruturais,* 1(1),35-67.

Baker, Julie; Grewal, Dhruv e Parasuraman, A (1994). The Influence of Store Environment on Quality Inferences and Store Image (A Influência do Ambiente de Loja nas Inferências de Qualidade e Imagem de Loja). *Journal of the Academy of Marketing Science*, 22(4), 328-339.

Bandalos, D. L. (1993). Factores que influenciam a validação cruzada de modelos de análise de factores de confirmação. *Multivariate Behavioral Research*, 28, 351-374.

Barlow.J e Maul (2000).*Valor emocional: criar laços fortes com os clientes*. Berrett Koehler Sanfrancisco CA.

Bar-On, R. (1997). Bar-On *Emotional Quotient Inventory: Uma medida de inteligência emocional*. Toronto, Canadá: Sistemas Multi-Saúde

Bar-On, R. (2000). *Inteligência emocional e social: percepções a partir do* inventário do *quociente emocional.* Em R. Bar-On & J.D.A. Parker (eds.): Handbook of Emotional Intelligence (pp. 363-388). São Francisco: Jossey-Bass.

Bartell,A.P (2004) Human Resource Management and Organizational Performance: evidence from retail banking. *Industrial and Labour Relations Review,* 57(2), 181-203.

Bender, S. L. (2006). Inquéritos quantitativos, qualitativos e quasitativos em tecnologia de desempenho humano: Medir o passado, observar o presente, e imaginar o potencial. *Melhoria do desempenho,* 45(9), 8-13.

Bentler, P. M. (1990). Índices de ajuste comparativos em modelos estruturais. *Boletim Psicológico,* 107, 238-246.

Bentler, P. M., & Bonett, D. G. (1980). Testes significativos e de aptidão para a análise das estruturas de covariância. *Boletim Psicológico,* 88, 588-606.

Bentler, P. M. e Yuan, K. H. (1999). Modelação de equações estruturais com pequenas amostras: estatísticas de teste *Pesquisa Comportamental Multivariada,* 34 (2), 181-197.

Bhattacharya ,M. (2007). Bhattacharya Instrument on Emotional Intelligence (BEIS-In) Em Bhattacharya, M., e Sengupta, N. (Eds.), *Emotional Intelligence - Myth or reality,* Nova Deli : Excel Books.

Blanchard, R F e Galloway, R L (1994). Qualidade na Banca de Retalho. *International Journal of Service Industry Management,* 5 (4), 5-23.

Blythe, J. (2008). *Essentials of Marketing* (4ª ed.). Pearson Education. ISBN 978027373717362

Bollen, K. A, (1989). *Equações estruturais com variáveis latentes.* Nova Iorque: Wiley

Bolln,(2007). HPT em cenários militares. *Melhoria do desempenho,* 46, (3)5-7

Bozdogan, H. (1987). Selecção do modelo e critérios de informação da Akaike (AIC): A teoria geral e as suas extensões analíticas. *Psychometrika,* 52(0), 345-370.

Bradberry, T. R., & Su, L. D. (2006). Ability-versus skill-based assessment of emotional intelligence. *Psicothema,* 18(Sup), 59-66

Brethower, D. (1997). A base de conhecimentos da tecnologia de desempenho humano. Em P. J. Dean e D. E. Ripley (Eds.), *"Performance improvement pathfinders": Modelos para a aprendizagem organizacional* (. 65-83). Silver Spring, MD: A Sociedade Internacional para a Melhoria do Desempenho.

Brethower, D. M. (1982). O sistema de desempenho total. Em R. M. O'Brien, A. M. Dickinson, e M. P. Rosow (Eds.), *Industrial behavior modification: Um manual de gestão* (pp. 350-369). Nova Iorque: Pergamon Press.

Browne, M. W., & Cudeck, R. (1989). Índices de validação cruzada de amostra única para estruturas de covariância. *Multivariate Behavioral Research,* 24, 445-455.

Browne, M. W., & Cudeck, R. (1993). Formas alternativas de avaliar a adequação do modelo. Em K. A. Bollen & J. S. Long (Eds.), *Testando modelos de equações estruturais* (136-162). Newbury Park, CA: Sage.

Buchen, (2006). Um Novo Futuro para os Profissionais de RH e de HPT. *Melhoria do Desempenho* , 45 (5) , 19-21

Byrne, B. M. (1989), *A primer of LISREL: Basic applications and programming for confirmatory factor analytic models*, Nova Iorque: Springer-Verlag.

Byrne.B.M (2010) *Modelação de equações estruturais com aplicações e programação de conceitos básicos de Amós* Routledge Taylor e Francis Group

Carman, James M (1990). Percepções do Consumidor sobre a Qualidade do Serviço: Uma Avaliação das Dimensões da SERVQUAL. *Journal of Retailing*, 66 (1), 33-55.

Carter, R. L. (2006). Soluções para dados em falta na modelação de equações estruturais. *Research & Practice in Assessment, 1*(1), 1-6.

Cattell, R. B. (1978). *O uso científico da análise de factores nas ciências comportamentais e da vida.*
Nova Iorque: Plenum.

Chadha, N.K. (2001) *Emotional Quotient intelligence Test. Em Singh, D. Inteligência emocional no trabalho* : Um Guia Profissional. Sábio de Nova Deli.

Chevalier, R. (2003). Actualização do modelo de engenharia comportamental. *Melhoria do desempenho, 42* (5), 8-14.

Chin,W.W. Peterson, R.A. Brown,S.P. (2008). Modelação de Equações Estruturais em marketing; Alguns lembretes práticos. *Journal of marketing theory and practice*, 16(4), 287-298.

Chiva, R., & Alegre, J. (2008). Inteligência emocional e satisfação profissional: o papel da capacidade de aprendizagem organizacional. *Personnel Review*, 37(6), 680-701.

Christen, M., Iyer, G., & Soberman, D. (2006). Satisfação profissional, desempenho profissional e esforço: Uma reapreciação utilizando a teoria da agência. *Journal of Marketing*, 70(1), 137-150.

CII-Mckinsey e companhia, (2000). A venda a retalho na Índia, A revolução emergente. Mckinsey e companhia Inc., (2000). Mumbai.

Conte, J. M. (2005). Uma revisão e crítica das medidas de inteligência emocional. *Journal of Organizational Behavior*, 26(4), 433-440.

Cook J.D,S.J. Hepworth,T.D.Wall & P.B.Warr (1981) *Experience of work A compendium and review of 249 measures and their use*. Imprensa académica de São Francisco.

Coscarelli, B. (1988). Melhoria do desempenho trimestral e da tecnologia de desempenho humano. *Performance Improvement Quarterly*, 1(1), 2-5.

Cyert, R.M. & March, J.G., (1963). *A Behavioral Theory of the Firm.* Prentice-Hall, Englewood Cliffs, NJ

Czepiel, J. A. (1990) Service encounters and service relationships: Implicações para a investigação. *Journal of Business Research,* 56 (0), 55 - 68.

Dabholkar, Pratibha A; Thorpe, Dayle I e Rentz, Joseph O (1996). A Measure of Service

Quality for Retail Stores:Scale Development and Validation. *Journal of the Academy of Marketing Science*, 24 (1), 3-16.

Das, A., Kumar, V., & Saha, G. C. (2010). Qualidade dos serviços de retalho no contexto dos países da CEI.
International Journal of Quality & Reliability Management, 27(6), 658-683.

Daus, C. S., & Ashkanasy, N. M. (2005). O caso do modelo de inteligência emocional baseado na capacidade no comportamento organizacional. *Journal of Organizational Behavior,* 26(4), 453-466.

Dia, R. K., (1997). B. F. Skinner & Susan Markel: Os inícios. Em P. J. Dean e D. E. Ripley (Eds.), *Performance improvement pathfinders: Modelos para a aprendizagem organizacional* (pp. 22-44). Silver Spring, MD: The International Society for Performance Improvement.

Dean, P. J. (1998). Permitam-me que vos apresente Thomas Gilbert. *Performance Improvement*, 37(6), 13-44.

Dess.G.G. & Robibson R.B; (1984). Medir o desempenho organizacional na ausência de medidas objectivas: O caso da empresa privada e dos negócios do conglomerado. *Revista de gestão estratégica*, 5(3), 265-273.

Diamantopoulos, & Winklhofer, H. M. (2001) Construção de índice com indicadores formativos: Uma alternativa ao desenvolvimento em escala. *Journal of Marketing Research*, 28(0), 269-277.

Dixon,N.M. (1999). *Ciclo de aprendizagem organizacional como podemos aprender colectivamente* 2nd edição Gower Aldershot

Donnely J.H & Etzel M.J (1977). Desempenho da loja de retalho e satisfação profissional: Um estudo do stress de ansiedade e da propensão para sair entre os empregados do comércio a retalho. *Journal of Retailing,* 53(2), 23-28.

Edwards, J. R., e Bagozzi, R. P (2000). Sobre a Natureza e a Direcção das Relações entre Construções. *Métodos Psicológicos,* (5:2),. 155-174.

Etzioni.A (1964) *Organizações modernas*, Prentice Hall, Anglewood cliffs.

Fatt, J.P. (2002). Emotional intelligence: implications for human resource managers. *A gestão. Investigação. Notícias*, 25(11), 57-74.

Finn, David, W e Lamb, Charles Jr. (1991). An Evaluation of the SERVQUAL Scales in a Retailing Setting *Advances in Consumer Research*, 18 (1), 483-490.

Ford.J.D; D.A.Schellenberg.(1982). Questões conceptuais de ligação da avaliação do desempenho organizacional. *Academy of Management Review,* 7(1), 49-58.

Frijda, N. H. (1986). *As emoções*. Cambridge, UK: Cambridge University Press.

Frederiksen, L. W. (1982b). Gestão do comportamento organizacional: Uma visão geral. Em L. W. Frederiksen (Ed.), *Handbook of organizational behavior management* (pp. 3-29). Nova

Iorque: Wiley.

Taylor, Fredrick W. (1947). *Gestão Científica*, NewYork; Harper Brothers, 45-46.

Gagliano, K B & Hathcote, Jan (1994). Customer Expectations and Perceptions of Service Quality in Retail Apparel Specialty Stores.*Journal of Services Marketing*, 8 (1), 60-69.

Ganzach, Y. (1998). Inteligência e satisfação profissional. *Academy of Management Journal*, 41 (5). 526-39.

Garret, H., E. & Woodworth, R. S. (1969). *Statistics in Psychology and Education*, Valkis, Feffer e Simons Private Limited, Bombay.

Garver, M. S. & Mentzer, J.T. (1999), Logistics research methods: Employing structural equation modeling to test for construction validity, *Journal of Business Logistics*, 20(1), 33-57

Geis, G. L. (1986). Tecnologia de desempenho humano: Uma visão geral. Em M. E. Smith (Ed.), *Introdução à tecnologia do desempenho* (Vol. 2). Washington, DC: Sociedade Nacional para o Desempenho e a Instrução

Gilbert, T. F. (1978). *Competência humana: Engenharia digna de desempenho*. Nova Iorque: McGraw-Hill.

Goleman, D. (1995). *Emotional Intelligence" Why it can matter more than IQ*.New York Batman Books.

Gorsuch, R. L. (1983). *Análise de factores* (2ª ed.). Hillsdale, NJ: Erlbaum

Gurbuz, A. (2007). Uma avaliação sobre o efeito do nível de educação na satisfação profissional do ponto de vista do sector turístico. *Dougus Universitesi Dergisi*, 8(1), 36-46.

Gutman, J & Alden, S. D (1985). Adolescents'Cognitive Structures of Retail Stores and Fashion Consumption (Estruturas Cognitivas de Lojas e Consumo de Moda): A Means-end Chain Analysis of Quality, em Jacoby, Jacob and Olson, Jerry C (eds.), Perceived Quality: How Consumers View Stores and Merchandise, Lexington, MA: Lexington Books,.

Hajj,R.A, & Grace K. D. (2010). An Empirical Investigation of the Relation Between Emotional Intelligence and Job Satisfaction in the Lebanese Service Industry. *The Business Review, Cambridge*, 16(2), 71-77.

Harless, J. (1973). Uma análise de front-end. Melhoria do desempenho humano: *A Research Quarterly*, 4(0), 229-244.

Heider, K.G. (1991). *Landscapes of Emotion (Paisagens da Emoção): Mapeamento de três culturas de Emoção na Indonésia*. Nova Iorque, NY: Imprensa da Universidade de Cambridge.

Higgs,M. (2004). Um estudo da relação entre a inteligência emocional e o desempenho nos centros de atendimento telefónico do Reino Unido. *Journal of Managerial Psychology,*

19(4),442-454

Hoe, S. L. (2008). Questões e procedimentos na adopção da técnica de modelação de equações estruturais. *Journal of Applied Quantitative Methods,* 3(1), 76-83.

Holly, A. Livingstone & Arla L. Day (2005), Comparing the Construct and Criterion- Related Validity of Ability-Based and Mixed-Model Measures of emotional intelligence. *Medidas Educativas e Psicológicas*, 65 (5), 757-779.

Hoppock, VV. L. *Satisfação no trabalho*. Nova Iorque: Harper and Brothers, 1935

Hu, L-T., & Bentler, P. M. (1995). Avaliar o ajuste do modelo. Em R. H. Hoyle (Ed.), *Structural equation modeling: Concepts, issues, and applications* (pp. 76-99). Thousand Oaks, CA: Sage.

Hu, L-T., & Bentler, P. M. (1998). Índices de ajuste em modelação de estrutura de covariância: Sensibilidade a uma má especificação de modelo subparametrizado. *Métodos Psicológicos*, 3(0), 424-453.

Hu, L-T., & Bentler, P. M. (1999). Critérios de corte para índices de ajuste na análise da estrutura da covariância: Critérios convencionais versus novas alternativas. *Modelação de Equações Estruturais*, 6(0), 1-55.

Hummel, J W & Savitt, R. (1988). Estratégia Integrada de Serviço ao Cliente e Retalho. *International Journal of Retailing*, 3(2), 5-21.

Hussain Rahim, S., & Imran Malik, M. (2010). Emotional Intelligence & Organizational Performance:(A Case Study of Banking Sector in Pakistan). *International Journal of Business and Management*, 5(10), 191-197.

Hwang, H., & Takane, Y. (2004). Análise generalizada de componentes estruturados. *Psychometrika*, 69(1), 81-99.

Iacobucci, D. (2010). Modelação de equações estruturais: Índices de ajuste, tamanho da amostra, e tópicos avançados. *Journal of Consumer Psychology*, 20(1), 90-98.

Ishikawa, K. (1986). Guia para o Controlo de Qualidade. Tóquio, Japão: Organização da Produtividade Asiática.

Jamie Carlson & Aron O'Cass, (2011) Desenvolver um quadro para compreender a qualidade dos serviços electrónicos, os seus antecedentes, consequências, e mediadores. *Gestão da Qualidade do Serviço*, 21(3) 264 - 286.

Jeffrey, M. Stanton, Evan F. Sinar, William K. Balzer,Amanda L. Julian, Paul Thoresen, Shahnaz Aziz, Gwenith G. Fisher, & Patricia c. Smith (2001) Development of a Compact Measure of Job Satisfaction: O Índice Descritivo do Trabalho Desbravado. *Medida Educativa e Psicológica*, 61(6), 1104-1122.

Jordan, P.J., Ashkanasy, N.M., & Hartel, C.E.J. (2002). A inteligência emocional como moderadora de reacções emocionais e comportamentais à insegurança no trabalho. *Academy of Management Review*, 27(0), 1 - 12.

Joreskog, K. G. (1993). Teste de modelos de equações estruturais. Em K. A. Bollen & J. S. Long (Eds.), *Testando modelos de equações estruturais* (pp. 294-316). Newbury Park, CA: Sage.

Joreskog, K.G. & Sorbum, D. (1989). LISREL 7: *Um guia para o programa e aplicação*. (2ª ed.) Chicago, IL: Scientific Software, Inc. (Chicago, IL: Scientific Software, Inc.).

Kaul, S. (2007). Measuring retail service quality: examining applicability of international research perspectives in India. *Vikalpa*, 32(1), 15-26.

Kerlinger, F. N. (1979). *Investigação comportamental: Uma abordagem conceptual*. Nova Iorque: Holt,

Rinehart &. Winston

Kernbach, S., Schutte, N. S. (2005). O impacto da inteligência emocional do prestador de serviços na satisfação do cliente. *The Journal of Services Marketing*; 19(6/7), 439-444.

Khare, A., Parveen, C., & Rai, R. (2010). O comportamento do retalhista como determinante da qualidade do serviço no comércio a retalho indiano. *Journal of Retail & Leisure Property*, 9(4), 303-317.

Kim Soyoung & Jim Byoungho, (2002). Validação da escala de qualidade do serviço de retalho para clientes americanos e coreanos de lojas de desconto: um estudo exploratório. *The Journal of Services Marketing*;16(3), 223-237.

Kim, S. H. (2010). O efeito da inteligência emocional sobre o comportamento do vendedor e a percepção da qualidade do serviço por parte dos clientes. *African Journal of Business Management*, 4(11), 2343-2353.

Kulkarni, P.M, Janakiram, B., & Kumar, D. N. S. (2009). Emotional Intelligence and Employee Performance as an Indicator for Promotion, a Study of Automobile Industry in the City of Belgaum, Karnataka, India. *International Journal of Business and Management*, *4*(4), 161-170

Lam, L.T. Kirby, S.L. (2002). Será a inteligência emocional uma vantagem? Uma exploração do impacto da inteligência emocional e geral no desempenho individual. *Journal of Social Psychology*, 142 (1), 133-143.

Langdon, D. (1991). Tecnologia de desempenho em três paradigmas. *Performance and Instruction Journal*, 30(7), 1-7.

Langdon, D. (2000). Tirar o h do HPT. *Performance Improvement*, 39(1), 5-8.

Law, K. S. Wong, C. S. e Mobley, W. H (1998). Towards taxonomy of multidimensional constructs. *Academy of Management Review*, 23 (4), 741-755.

Leen, J. Y. A., & Ramayah, T. (2011). Validação do RSQS em lojas especializadas em vestuário. *Measuring Business Excellence*, 15(3), 16-18.

Livingstone, H. A. (2005). Comparing the Construct and Criterion-Related Validity of Ability-Based and Mixed-Model Measures of Emotional Intelligence. *Medidas Educativas e Psicológicas*, 65(5), 757-779.

Locke, E. A.(1976) *The nature and causes of job satisfaction. Em M. D. Dunnette (Ed.), Handbook of Industrial and Organizational Psychology*. Chicago: Rand Mc.Nally, 1976, 1297-1350.

Lutz, C. (1988). *Emoções anormais: Sentimentos quotidianos sobre um atol micronésio e os seus desafios à teoria ocidental*. Chicago: Imprensa da Universidade de Chicago.

MacCallum, R. C., & Austin, J. T. (2000). Aplicações da modelação de equações estruturais na investigação psicológica. *Annual Review of Psychology,* 51, 201-226.

MacCallum, R. C., e Browne, M. W(1993). The Use of Causal Indicators in Covariance Structure Models: Algumas Questões Práticas *Boletim Psicológico,* 114(3), 533-541.

MacCallum, R. C., Browne, M. W., & Sugawara, H. M. (1996). Power analysis and determination of sample size for covariance structure modeling. *Métodos Psicológicos*, 1(0), 130-149.

Mager, R. F. (1997). Preparar objectivos instrucionais: Um instrumento crítico para o desenvolvimento de uma instrução eficaz. Atlanta, GA: Centro para um Desempenho Eficaz.

Malhotra, N & Mukherjee, A (2004) The relative influence of organisational commitment and job satisfaction and job satisfaction on .service quality of customer contact employees in banking call centers. *The Journal of Services Marketing*, 18(3), 162-174.

Martin, F. Herman, A. H., Amanda, Blakely, Matthew, C. G. e Erin, Gunter, (2009). O Modelo HPT Aplicado ao Processo de Registo de uma Empresa de Kayak. *Performance Improvement*, 48(3), 26-35.

Masse,A.P, Montoyya.-Weiss, M.M. e Odriscoll, T.M. (2005). Tecnologia do Desempenho Humano e Gestão do Conhecimento..: Um Estudo de Caso. *Performance Improvement Quarterly*, 18(2), 37-55.

Mayer, J. D., & Salovey, P. (1997). O que é a inteligência emocional? Em P. Salovey, & D. Sluyter (Eds.), *Desenvolvimento emocional e inteligência emocional: Aplicações educacionais* (pp. 3-31). Nova Iorque: Livro Básico

Mayer, J. D., Salovey, P., & Caruso, D. R. (2002). *Mayer- SaloveyCaruso Emotional Intelligence Test (MSCEIT)* item booklet. Toronto, Ontário, Canadá: MHS Publishers

Mayer, J. D., Salovey, P., &Caruso, D. R. (2000a). A inteligência emocional como zeitgeist, como personalidade, e como capacidade mental. Em R. Bar-On & J. Parker (Eds.), *The handbook of emotional intelligence: Teoria, desenvolvimento, avaliação e aplicação em casa, na escola, e no local de trabalho* (pp. 92-117). São Francisco: Jossey-Bass.

Mazursky, D e Jacoby, J. (1985). Forming Impression of Merchandise and Service Quality", em Jacoby, Jacob e Olson, Jerry C (eds.), *Perceived Quality: How Consumers View Stores and Merchandise,* Lexington, MA: Lexington Books, 139-153.

McDaniel, M. A., Morgeson, F. P., Finnegan, E. B., Campion, M. A., & Baverman, E. (2001). Utilização de testes de julgamento situacional para prever o desempenho do trabalho: Uma clarificação da literatura. *Journal of Applied Psychology*, 84(0), 730-740.

McElyea, J. E., & Van Tiem, D. (2008). HPT e pequenos negócios: Mina de ouro ou mina terrestre? *Performance Improvement,* 47(4), 33-38.

Mehta, Subhash C; Lalwani, Ashok e Han, Soon Li (2000). Qualidade de Serviço no Comércio a Retalho: Eficiência Relativa de Escalas de Medição Alternativas para Diferentes Ambientes de Produto - Serviço. *International Journal of Retail & Distribution Management*, 28 (2), 62-72.

Mesquita, B., & Frijda, N. (1992). Variações culturais na emoção: Uma revisão. *Boletim Psicológico*, 112(0), 179-204

Mittal, B & Lassar, W, M. (1996). O Papel da Personalização nos Encontros de Serviços. *Journal of Retailing*, 72 (1), 95-109.

Mohan, M. C., Kumar, V. V., & Krishna, V. V. (2010). Método Novel de Classificação da Idade Adulta Usando Transformações Lineares de Ondas. *International Journal of Computer Science and Network Security*, 10(3), 61- 68.

Naeem, H., Saif, M. I., & Khalil, W. (2008). Emotional Intelligence and Its Impact on Service Quality-Empirical Evidence From The Pakistani Banking Sector. *International Business & Economics Research Journal (IBER)*, 7(12), 55-62.

Nair, L. (2011.). Marcas de marcas privadas em alimentos e mercearia: a mudança de percepções dos consumidores e retalhistas na Índia - um estudo na região de Pune. *Journal of Arts Science & Commerce*, 2(1), 144-156.

Ngah, R., Ibrahim, A. R. (2010).The Effect of Knowledge Sharing on Organizational Performance in Small and Medium Enterprises Knowledge Management: theory, research & Practice, *Proceedings Knowledge Management 5th International Conference*, 503-508.

Nguyen Dang Duy Nhat e Le Nguyen Hau.(2007). Determinantes da qualidade do serviço de retalho - um estudo dos supermercados no Vietname. *Science & Technology Development*, 10 (08), 15-23.

O'Brien, R. M., e Dickinson, A. M. (1982). Introdução à modificação do comportamento industrial. Em R. M. O'Brien, A. M. Dickinson, e M. P. Rosow (Eds.), *Industrial behavior modification: Um manual de gestão* (pp. 7-34). Nova Iorque: Pergamon Press.

O'Driscoll, T. (1999). *Atingir o desempenho empresarial desejado: Um quadro para o desenvolvimento da tecnologia de desempenho humano nas organizações*. Washington, DC: Sociedade Internacional para a Melhoria do Desempenho

Oliver, Richard (1981). Medição e Avaliação dos Processos de Satisfação em Definições de Retalho. *Journal of Retailing*, 57(3), 25-48.

Parasuraman, A., Zeithaml, V. A., & Berry, L. L. (1988). Servqual. *Journal of retailing*, *64*(1), 12-37

Pershing, J. (2006). *Manual de tecnologia de desempenho humano: Princípios, práticas, e* potencial. São Francisco, Pfeiffer.

Pershing, J. A., Lee, J.-E., & Cheng, J. L. (2008). Estado actual, tendências futuras, e questões sobre a tecnologia do desempenho humano, parte 1: Domínios influentes, estado actual, e reconhecimento do HPT. *Melhoria do desempenho*, *47*(1), 9-17

Petter, S., Straub, D., & Rai, A. (2007). Especificação de construções formativas na investigação de sistemas de informação. *Sistemas de Informação de Gestão Trimestral*, 31(4), 623-656

Petrides, K. V., Frederickson, N., & Furnham, A. (2004). O papel da inteligência emocional traiçoeira no desempenho académico e no comportamento desviante na escola. *Personalidade e diferenças individuais*, *36*(2), 277-294

Pitt, M. & Tucker, M. (2008). Medição do desempenho na gestão de instalações: a condução da inovação? *Gestão de propriedades*, 26(4) 241-254

Potter, S. (1988). A construção cultural da emoção na vida social rural chinesa. *Ethos*, 16(2), 181-208

Prentice, C. & Brian, K. (2011). A influência da inteligência emocional no desempenho do serviço do empregado da linha da frente do casino. *Pesquisa sobre turismo e hospitalidade,* 11(1) 49-66.

Pullen, W., & Gallant, W. (2009). Incorporando o HPT: Melhorar o desempenho policial através da implementação de tecnologia de desempenho humano na Royal Canadian Mounted Police. *Melhoria do desempenho,* 48(3), 7-12.

Randall E.Schumacker & Richard. G.Lomax (2004). *A Beginner's guide to structural equation modeling*, Lawrence erlbaum associates, editoras Mahwah, New Jersey

Ranganath, D. & Krishnaveni, R (2008). Conceitos e medidas de inteligência emocional - uma perspectiva de investigação. *Journal of Contemporary Research in Management,* 3(2), 69-84.

Ranganath, D. & Krishnaveni, R. (2011). Desenvolvimento e validação de um instrumento para medir a Inteligência Emocional dos Indivíduos no Ambiente de Trabalho - No Contexto Indiano. *International Journal of Educational and Psychological Assessment, 7* (2).94-118

Richard, P.J., Deveinney, T.M., Yip,G.S. & Gerry Johnson. (2009): Medir o Desempenho Organizacional: Towards Methodological Best Practice. *Journal of Management*, 35(3), 718-804

Rigdon, (1996). CFI contra RMSEA: Uma comparação de dois índices de ajuste para modelação de equações estruturais. *Modelação de equações estruturais,* 3(4), 369-379.

Rosenberg, M. J., Coscarelli, W. C., & Smith Hutchinson, C. (1992). As origens e a evolução do campo. Em H. D. Stolovitch e E. J. Keeps (Eds.), *Handbook of human performance technology: Um guia abrangente para analisar e resolver problemas de desempenho em organizações* (pp. 14-31). São Francisco: Jossey-Bass.

Rosenzweig J. & Van Tiem, T.M. (2007). Uma visão apreciativa da tecnologia de desempenho humano. *Melhoria do Desempenho.* 46(5), 36-43.

Rothwell, W. J. (1996). *Para além da formação e desenvolvimento: Estratégias de vanguarda para melhorar o desempenho humano.* Nova Iorque: Associação Americana de Gestão.

Roy,S. (2008). Medição de Construções Formativas na Investigação em Gestão: Definições, Distinções e Medição. *The Icfaian Journal of Management Research*, 2(10), 18-34.

Rummler, G. & Brache, A., (1990). *Melhorar o desempenho: Como Gerir o Espaço Branco no Organigrama.* São Francisco: Jossey-Bass.

Russell, D. W. (2002). Em busca das dimensões subjacentes: O uso (e abuso) da análise de factores no BuUetin de Personalidade e Psicologia Social. *Boletim de Personalidade e Psicologia Social*, 28(0), 1629-1646.

Salovey,P., Mayer,J.D.(1990). Inteligência emocional. *Imagination, Cognition, and Personality*, 9, 185-211.

Schreiber, J. B.,Nora, A., Stage, F. K., Barlow, E. A. & King, J. (2006). Reporting structural equation modelling and Confirmatory factor analysis results: Uma revisão. *The Journal of Educational Research*, 99 (6), 323-337.

Schutte, N.S., Malouff, J.M., Hall, L.E., Haggerty, D.J., Cooper, J.T., Golden, C.J., & Dorheim, L. (1998). Desenvolvimento e validação de uma medida de inteligência emocional. *Personalidade e diferenças individuais*, 25(0), 167-177.

Shucui,W. (2003). Revisão das escalas de qualidade de serviço das lojas de retalho. *Review of Network Economics,* 2(4), 199-203.

Singh, R. (2009). O meu modelo estrutural representa o fenómeno real?: uma revisão do uso adequado do modelo de Modelação de Equações Estruturais (SEM). *The Marketing Review*, 9(3), 199-212.

Siu, N. Y. M., & Cheung, J. T. H. (2001). Uma medida da qualidade do serviço de retalho. *Marketing Intelligence & Planning*, 19(2), 88-96.

Siu, N. Y. M., & Cheung, J. T. H. (2001). Uma medida da qualidade do serviço de retalho. *Marketing Intelligence & Planning*, 19(2), 88-96.

Sivadas, E. & Baker-Prewitt, J.L. (2000). An Examination of the Relationship Between Service Quality, Customer Satisfaction, and Store Loyalty. International *Journal of Retail & Distribution Management*, 28 (2), 73-82.

Sivo. S, A., Saunders. C., Chang. Q., & Jiang. J, J (2006). Quão baixo deve ir? Taxas de resposta baixas e a validade da Inferência na Pesquisa do Questionário SI. *Journal of the Association for Information Systems* (7:6), 351-414.

Skinner, B. F. (1938). *Comportamento dos organismos.* Nova Iorque: Appleton-Century.

Skinner, B. F. (1953). *Ciência e comportamento humano.* Nova Iorque: Appleton-Century-Crofts.

Skinner, B. F. (1957). *Comportamento verbal.* Nova Iorque: Appleton-Century-Crofts.

Smith, P. C., Kendall, L. M.,& Hulin, C. L. (1969). *A medição da satisfação no trabalho e na reforma.* Chicago: Rand McNally.

Smith,P. (1999). A organização de aprendizagem dez anos sobre um estudo de caso. *A organização que aprende*, 6 (5) 217-223

Sonnenfeld, Jeffrey A.(1985). Shedding Light on the Hawthorne Studies. *Journal of Occupational Behavior.* 6(0),. 125

Spector, Paul E. (1997) *Job Satisfaction: Aplicação, Avaliação, Causas e Consequências*, SAGE Publications, Thousand Oak, CA

Stevens, J.P. (1992). *Applied Multivariate Statistics for the Social Sciences* (2ª edição). Hillsdale, NJ: Erlbaum.

Stock, B. (1996). Chegar ao âmago da actuação. *Performance Improvement*, 35(8), 6-8.

Stolovitch, H. (1982). Tecnologia de desempenho: Uma introdução. *Performance and Instruction*, 21(3), 16-19.

Stolovitch, H., e Keeps, E. (1999). O que é a tecnologia de desempenho? Em H. D. Stolovitch e E. J. Keeps (Eds.), *Handbook of Human Performance Technology: Improving individual and organizational performance worldwide* (2ª ed.).San Francisco: Jossey-Bass/Pfeiffer.

Sulzer-Azaroff, B., e Mayer, G. R. (1991). *Análise comportamental para uma mudança duradoura.* Chicago: Holt, Rinehart e Winston.

Tenenhaus,M. (2008). Modelação de Equações Estruturais Baseadas em Componentes. *Total Quality Management & Business Excellence,* 19(7-8), 871-886.

Thompson. B (2004) *Exploratory and confirmatory factor analysis understanding concepts and applications.* Associação Psicológica Americana - Washington, DC

Thompson.J (1967) *Organizações em acções* McGraw Hill Newyork

Thurbin.P.J. (1994) *Implementing the learning Organization The 17 day learning program* pitman Publishing London

Tosti, D., & Jackson, S. D. (1997). O scan organizacional. *Performance Improvement*, 36(10), 22-26.

Tsai, J. L. (1999). Cultura. Em D. Levinson, J. Ponzetti, & P. Jorgensen (Eds.), *Encyclopedia of Human Emotion* (pp.159-166). Nova Iorque, NY: Macmillan Press

Turban, E., King, D., Kyu lee, J., e Viehland, D. (2006). *Comércio Electrónico: A Managerial Perspective*. Prentice Hall. ISBN 0131854615.

Van Tiem, D. M., Moseley, J. L., e Dessinger, J. C. (2004). *Fundamentos da tecnologia de desempenho*. Washington, DC: Sociedade Internacional para a Melhoria do Desempenho.

Van Tiem, D. (2004). Intervenções (soluções) utilização e perícia na prática da tecnologia de desempenho: Uma investigação empírica. *Performance Improvement Quarterly*, 17(3),.23-44.

Vlado.D ; Miha.S; (2004). Uma abordagem da teoria do Stake holder ao desempenho organizacional e à influência da conceptualização e teste do modelo das tecnologias de informação e comunicação. *Revisão económica e empresarial para a Europa Central e do Sul*, 6(3), 245-265.

Watkins, R e Leigh, D. (2010). *Manual de Melhoria do Desempenho no Local de Trabalho*. Sociedade Internacional para a Melhoria do Desempenho

Whiteside, K. S. (1998). Modelos, caos e mistério. *Performance Improvement*, 37(2), 47-53.

Whysall, P., Foster, C., & Harris, L. (2009). Insatisfação laboral entre os empregados do sector retalhista: um estudo de três dos principais retalhistas do Reino Unido. *The International Review of Retail, Distribution and Consumer Research*, *19*(2), 179-198

Wile, D. (1996). Why doers do. *Performance Improvement*, 35(2), 30-35.

Wilmoth, F.S., Prigmore, C., & Bray, M. (2002). Modelos HPT: Uma visão geral dos principais modelos no campo *Performance Improvement*, 41(8), 16-24.

Witkowski, T., H & Wolfinbarger, M. F. (2002). Qualidade Comparativa de Serviço: Classificações alemãs e americanas através de definições de serviço. *Journal of Business Research*, 55 (11), 875-881.

Wold, H. (1985). Praças Parciais Mínimas. Em S. Kotz & N.L. Johnson (Eds.), *Encyclopedia of Statistical Sciences* New York: John Wiley & Sons.

Wothke, W. (1998). Modelação longitudinal e multigrupos com dados em falta. Em T. D. Little, K. U. Schnabel, e J. Baumert [Eds.]. *Modelação de dados longitudinais e de grupo múltiplo: Questões práticas, abordagens aplicadas e exemplos específicos.* Mahwah, NJ:

Lawrence Erlbaum Publishers.

Wouters, C. (1989). The Sociology of emotions and flight attendants: O coração gerido de Hoschilds. *Theory, Culture, and Society*, 6(1), 95-123.

Yavas, Ugur; Bilgin, Z. & Shemwell, D. J. (1997). Qualidade de Serviço no Sector Bancário numa Economia Emergente: Um inquérito aos consumidores. *International Journal of Bank Marketing*, 15 (6), 217-223.

Yeo, R. (2003). The tangibles and intangibles of organizational performance, *Team Performance Management*; 9 (7/8), 199-204.

Yuchtman, E. & Seashore, S.E. (1967). Uma abordagem de recursos do sistema à eficácia organizacional. *American Sociological Review*, 32 (0), 891-903

Yuen, E. F. T., & Chan, S. S. L. (2010). O efeito da qualidade do serviço de retalho e da qualidade do produto na fidelidade do cliente. *Journal of Database Marketing & Customer Strategy Management,* 17(3), 222-240.

Zameer, Asif. Mukherjee, Deepankar. (2011) Food and grocery retail: patronage behavior of Indian urban consumers. *South Asian Journal of Management,* 18(1),119-148.

Zhao, Bai e Hui (2002). Uma Avaliação Empírica e Aplicação da SERVQUAL numa Loja de Departamento da China Continental. *Gestão da Qualidade Total*, 13 (2), 241-254.

Miscelânea

Amy, (2009). Os efeitos da estratégia de marketing, rendimento e género na decisão de compra: uma análise abrangente do processo de tomada de decisão do consumidor. dissertação

Bar-On, R. (1997), The Emotional Intelligence Inventory (EQ-I): Manual Técnico, MultiHealth Systems, Toronto.

Bodouva, J..J (2009) The Influence of employee perceptions of the work climate on Perceived Service Quality and Their Relationships with Employee Goal Orientations, Employee Self-Efficacy, and Employee Job Satisfaction. Uma dissertação inédita

Berndt, A. E. (1998) Typical model features and their effects on goodness off- fit indices. *Apresentado na 106ª Convenção Anual da Associação Americana de Psicologia*, São Francisco, CA.

Carleton, J. (2005). Teoria do sistema. Em *Vector: Soluções sistémicas para questões empresariais.* Recuperado em 12 de Junho de 2005, de www.vectoreurope.co.uk/documents/2/BI_A4_
Systemic_Solutions_to_Business_Issues_V1_4.pdf.

Gupta, V., Xia Yang, & M. Speece. 2002. Estratégias Únicas de Retalho nas Economias em Transformação da China e da Índia. In: Actas da Conferência de Educadores de Marketing de

Verão da AMA, San Diego, CA,

Gurbuz, A. (2007). Uma Avaliação sobre o Efeito do Nível de Educação na Satisfação do Emprego do Ponto de vista do Sector do Turismo. Obtido em http://journal.dogus.edu.tr/ 13026739/2007/cilt8/sayi1/M00170.pd

Documento de Discussão do IFPRI 2008. *A Ascensão dos Supermercados e as suas Implicações para o Desenvolvimento* Experiência Internacional Relevante para a Índia

Ngah, R. & Ibrahim, A. R. 2010, "The Effect of Knowledge Sharing on Organizational Performance in Small and Medium Enterprises", Knowledge Management: theory, research & Practice, Proceedings Knowledge Management 5th International Conference. 503-508.

Steiger, J. H., & Lind, J. C. (1980, Junho). Testes estatisticamente baseados para o número de factores comuns. Trabalho apresentado na reunião anual da Psychometric Society, Iowa City, IA.

Titcomb, T. J. (1998, Julho). Caos e teoria da complexidade. Info-Line, no. 9807.

Sítios Web

Sociedade Internacional para a Melhoria do Desempenho. (2005). O que é o HPT? Recuperado em

10 de Junho de 2005, a partir de www.ispi.org.

Relatório de negócios da indústria de retalho indiana para 2011.

Advancia Consulting. (2000). Tecnologias de desempenho humano [Online] Disponível: http://www.advancia.com/solut3.htm.

http://www.improhealth.org/s

http://www.census2011.co.in/census/district/32-coimbatore.

www.deloitte.com/in

www.ivanpavlov.com

http://www.bgsu.edu/departments/psych/io/jdi/index.html

ANEXO APPÊNDICES

APÊNDICE 1
ENTREVISTA COM CLIENTES

Parte A

1.	Género	Masculino/Feminino		
2.	Idade			
3.	Educação			
4.	Ocupação			
5.	Rendimento anual			
6.	Hora da compra	1.	Disposições	Mensal/semanal/semanal/s e quando necessário
		2.	Frutas e legumes	Mensal/semanal/semanal/s e quando necessário
7.	Local de compra	1.	Reliance Fresh	Provisões/frutos e legumes/tudo
		2.	Mais	Provisões/frutos e legumes/tudo
		3.	Spencer	Provisões/frutos e legumes/tudo
		4.	Grande bazar	Provisões/frutos e legumes/tudo
		5.	Loja de departamentos Nilgiris	Provisões/frutos e legumes/tudo
		6.	Kannan Loja de departamentos	Provisões/frutos e legumes/tudo
		7.	outros	Provisões/frutos e legumes/tudo

Por favor, classifique os serviços prestados

	Preço acessível	Ofertas promocionais	Serviço ao cliente	Qualidade do produto	Disponibilidade do produto
Reliance Fresh					
Mais					
Spencer					
Grande bazar					
Loja de departamentos Nilgiris					
Loja do Departamento de Kannan					
outros					

Parte B **Qualidade do serviço de retalho**

S.No	Declarações	SD	D	N	A	SA
1.	A loja tem instalações físicas limpas, atraentes e convenientes					
2.	A disposição da loja facilita aos clientes a procura do que necessitam					
3.	O layout desta loja facilita a circulação dos clientes na loja					
4.	Os empregados da loja têm os conhecimentos necessários para responder às perguntas dos clientes					
5.	O comportamento dos empregados da loja instila confiança nos clientes					
6.	Os clientes sentem-se seguros nas suas transacções com esta loja					
7.	Os empregados da loja prestam um serviço rápido aos clientes					
8.	A loja dá atenção individual aos clientes					
9.	Os empregados da loja são consistentemente corteses com os clientes					
10.	Os empregados desta loja tratam os clientes de forma cortês ao telefone					
11.	A loja lida de boa vontade com devoluções e trocas					
12.	Quando um cliente tem um problema, a loja mostra um interesse sincero em resolvê-lo					
13.	Os empregados da loja podem tratar directa e imediatamente as reclamações dos clientes.					
14.	A loja tem horários de funcionamento convenientes para todos os seus clientes					
15.	A loja aceita todos os principais cartões de crédito					
16.	A loja tem todas as gamas de produtos					
17.	A loja tem todas as marcas de produtos					
18.	A loja tem produtos em todos os tamanhos necessários					

SD - Discordar fortemente
D - Discordar
N-Neutral
A-Agree
SA - Concordam fortemente

APÊNDICE 2

ENTREVISTA DE EMPREGADOS SHEDULE

Parte A

Idade

Género

Masculino Feminino

Educação

Título do trabalho:

Experiência

Em Loja Outras Lojas

Anos de experiência:

Tipo de família

Junta Nuclear

Estado Civil

Casado Não Casado

Situação de Emprego do Cônjuge:

Trabalhador doméstico

Nº de crianças

Parte B

Índice descritivo do trabalho

Pessoas no Seu Emprego Actual

Pense na maioria das pessoas com quem trabalha ou se encontra em ligação com o seu trabalho.

Até que ponto cada uma das seguintes palavras ou frases descreve bem estas pessoas? No espaço em branco ao lado de cada palavra ou frase abaixo, escreva

Y de "Sim" se descreve as pessoas com quem se trabalha

N de "Não" se não os descrever

? por "?" se não se puder decidir

	PESSOAS NO SEU ACTUAL EMPREGO DE CO-TRABALHADORES	SIM	NÃO	?
1.	Estimulante			
2.	Chato			
3.	Lento			
4.	Útil			
5.	Estúpido			
6.	Responsável			
7.	Agradável			
8.	Inteligente			
9.	Fácil de fazer inimigos			
10.	Rude			
11.	Inteligente			
12.	Preguiçoso			
13.	Desagradável			
14.	Apoiante			
15.	Activo			
16.	Interesses estreitos			
17.	Frustrante			
18.	Teimoso			

Emprego em Geral

Pense no seu trabalho em geral. Em suma, como é a maior parte do tempo? No espaço em branco ao lado de cada palavra ou frase abaixo, escreva

Y de "Sim" se descrever o seu trabalho

N de "Não" se não o descrever

para "?" se não se puder decidir

	TRABALHO EM GERAL	SIM	NÃO	?
1.	Pleasant			
2.	Mau			
3.	Óptimo			
4.	Perda de tempo			
5.	Bom			
6.	Indesejável			
7.	Vale a pena			
8.	Pior do que a maioria			
9.	Aceitável			
10.	Superior			
11.	Melhor do que a maioria			
12.	Desacordável			
13.	Faz-me feliz			
14.	Inadequado			
15.	Excelente			
16.	Podre			
17.	Desfrutável			
18.	Pobre			

Trabalho em Trabalho Presente

Pense no trabalho que faz actualmente. Até que ponto cada uma das seguintes palavras ou frases descreve bem o seu trabalho? No espaço em branco ao lado de cada palavra ou frase abaixo, escreva

Y de "Sim" se descrever o seu trabalho

N de "Não" se não o descrever

? por "?" se não se puder decidir

	TRABALHO NO TRABALHO ACTUAL	SIM	NÃO	?
1.	Rotina			
2.	Satisfazendo			
3.	Chato			
4.	Bom			
5.	Dá sentido de realização			
6.	Respeitado			
7.	Emocionante			
8.	Recompensas			
9.	Útil			
10.	Challenging			
11.	Simples			
12.	Repetitivos			
13.	Criativo			
14.	Monótono			
15.	Desinteressante			
16.	Pode ver resultados			
17.	Utiliza as minhas capacidades			

18.	Rotina			

Pague

Pense na remuneração que recebe agora. Até que ponto cada uma das seguintes palavras ou frases descreve bem o seu salário actual? No espaço em branco ao lado de cada palavra ou frase abaixo, escreva

Y de "Sim" se descrever o seu salário

N de "Não" se não o descrever

? por "?" se não se puder decidir

	PAGAM	SIM	NÃO	?
1.	Rendimento adequado para despesas normais			
2.	Feira			
3.	Mal se vive de rendimentos			
4.	Mau			
5.	Confortável			
6.	Menos do que eu mereço			
7.	Bem pago			
8.	Suficiente para viver			
9.	mal pago			

Oportunidades de Promoção

Pense nas oportunidades de promoção que tem agora. Até que ponto cada uma das seguintes palavras ou frases as descreve bem? No espaço em branco ao lado de cada palavra ou frase abaixo, escreva

Y de "Sim" se descrever as suas oportunidades de promoção

N de "Não" se não os descrever ? de "?" se não se puder decidir

	OPORTUNIDADES DE PROMOÇÃO	SIM	NÃO	?
1.	Boas oportunidades de promoção			
2.	Oportunidades algo limitadas			
3.	Promoção da capacidade			
4.	Trabalho sem saída			
5.	Boa hipótese de promoção			
6.	Muito limitado			
7.	Promoções infrequentes			
8.	Promoções regulares			
9.	Bastante boa oportunidade para Promoção			

Supervisão

Pense no tipo de supervisão que obtém no seu trabalho. Até que ponto cada uma das seguintes palavras ou frases o descreve bem? No espaço em branco ao lado de cada palavra ou frase abaixo, escreva

Y de "Sim" se descrever a supervisão que se obtém no trabalho

N de "Não" se não o descrever

? por "?" se não se puder decidir

	SUPERVISÃO	SIM	NÃO	?
1.	Apoiante			
2.	Difícil de agradar			
3.	Impolite			
4.	Elogia o bom trabalho			
5.	Atencioso			
6.	Influente			
7.	Actualizado			
8.	Indelicado			
9.	Tem favoritos			
10.	Diz-me qual é a minha posição			
11.	Irritante			
12.	Teimoso			
13.	Conhece bem o trabalho			
14.	Mau			
15.	Inteligente			
16.	Pobre planeador			
17.	Por aí, quando necessário			
18.	Preguiçoso			

Sugestões para melhorar a Satisfação no Trabalho:

1. Atmosfera de trabalho :
2. Supervisão
3. Flexibilidade no trabalho:
4. Concessão de licença :
5. Outras sugestões:

APÊNDICE 3
CARREGAMENTOS DE FACTORES DO INSTRUMENTO DE QUALIDADE DO SERVIÇO DE RETALHO

	Componente						
	1	2	3	4	5	6	7
RSQ1	.010	-.230	.281	**.743**	-.162	-.009	-.093
RSQ2	.027	.001	-.149	**.755**	.278	-.035	.062
RSQ3	-.007	.077	.238	**.814**	.150	.021	.049
RSQ4	-.007	-.307	**.530**	-.018	.221	-.162	-.382
RSQ5	.073	-.045	**.789**	.191	.125	-.212	-.064
RSQ6	-.015	.002	.133	.098	**.797**	.056	-.084
RSQ7	-.044	.162	**.721**	.098	.223	.088	.071
RSQ8	-.071	-.001	**.411**	.042	**.349**	**.384**	**.314**
RSQ9	-.077	.136	**.665**	.038	.038	.217	.204
RSQ10	.064	.084	.316	.135	**.733**	-.050	.040
RSQ11	-.063	**.562**	-.034	.249	.262	.061	.055
RSQ12	.085	**.805**	-.075	-.073	.050	-.013	-.005
RSQ13	.155	**.699**	.192	-.113	-.177	-.036	-.066
RSQ14	.076	**.831**	.087	-.073	.029	-.075	-.056
RSQ15	.012	-.184	.184	.059	-.048	-.048	**.800**
RSQ16	.039	-.006	-.049	-.056	.029	**.823**	-.031
RSQ17	.070	.197	-.187	-.114	.086	**-.546**	.528
RSQ18	**.992**	.083	-.030	.010	.011	.000	.015
RSQ19	**.993**	.064	-.007	.019	-.002	.000	.011
RSQ20	**.990**	.106	-.022	-.005	.013	-.003	.001

APÊNDICE 4

ESTATÍSTICAS TOTAIS DA ESCALA DA QUALIDADE DO SERVIÇO DE RETALHO

	Escala Média se o item foi eliminado	Variação da escala se o item for eliminado	Correlação Item-Total Correcção	Cronbach's Alfa se Item Eliminado
RSQ1	62.91	18.249	.043	.704
RSQ2	62.88	18.222	.103	.701
RSQ3	62.87	18.169	.184	.699
RSQ4	62.96	18.263	.013	.707
RSQ5	62.93	17.755	.234	.694
RSQ6	63.03	17.890	.114	.701
RSQ7	62.95	17.846	.175	.697
RSQ9	62.93	18.063	.101	.701
RSQ10	62.90	17.877	.242	.695
RSQ11	63.83	18.216	.148	.700
RSQ12	63.70	17.638	.217	.694
RSQ13	63.68	17.463	.254	.692
RSQ14	63.64	17.468	.226	.694
RSQ15	**63.15**	**18.058**	**.011**	**.714**
RSQ16	62.93	18.402	-.016	.706
RSQ17	63.82	18.229	.074	.702
RSQ18	64.06	10.627	.796	.589
RSQ19	64.07	10.629	.793	.590
RSQ20	64.04	10.608	.804	.587

APÊNDICE 5
TABELA DE CONVERSÃO DA CLASSIFICAÇÃO DO GARRETT

Porcentagem	Pontuação	Porcentagem	Pontuação	Porcentagem	Pontuação
0.09	99	22.32	65	83.31	31
0.20	98	23.88	64	84.56	30
0.32	97	25.48	63	85.75	29
0.45	96	27.15	62	86.89	28
0.61	95	28.86	61	87.96	27
0.78	94	30.61	60	88.97	26
0.97	93	32.42	59	89.94	25
1.18	92	34.25	58	90.83	24
1.42	91	36.15	57	91.67	23
1.68	90	38.06	56	92.45	22
1.96	89	40.01	55	93.19	21
2.28	88	41.97	54	93.86	20
2.69	87	43.97	53	94.49	19
3.01	86	45.97	52	95.08	18
3.43	85	47.98	51	95.62	17
3.89	84	50.00	50	96.11	16
4.38	83	52.02	49	96.57	15
4.92	82	54.03	48	96.99	14
5.51	81	56.03	47	97.37	13
6.14	80	58.03	46	97.72	12
6.81	79	59.99	45	98.04	11
7.55	78	61.94	44	98.32	10
8.33	77	63.85	43	98.58	9
9.17	76	65.75	42	98.82	8
10.06	75	67.48	41	99.03	7
11.03	74	69.39	40	99.22	6
12.04	73	71.14	39	99.39	5
13.11	72	72.85	38	99.55	4
14.25	71	74.52	37	99.68	3
15.44	70	76.12	36	99.80	2
16.69	69	77.68	35	99.91	1
18.01	68	79.17	34	100.00	0
19.39	67	80.61	33		
20.93	66	81.99	32		

CPSIA information can be obtained
at www.ICGtesting.com
Printed in the USA
LVHW040106210323
742063LV00001B/219

9 786205 763193